U0031284

心淨土淨
人成佛成
星雲

當下淨土 壹

永富 著

不只是知道，而是要證道

推薦序

心淨土淨，人成佛成

佛光山開山 [signature]

永富法師是臺灣彰化人，出生於中醫世家，原本要從醫，十七歲皈依佛教後，一九八六年進入佛光山中國佛教研究院就讀。我曾鼓勵他完成家人的心願做一名中醫師，但他表示與我推動的人間佛教很相應，堅持一定要留在山上，不到五個月就發心出家了。

佛學院畢業之後，永富留在叢林學院任教。從糾察到訓導主任，樣樣認真盡責，學院服務十年期間，在教育院院長慈惠法師的指導下，帶領學生承擔常住許多重要的弘法活動，例如：首創的短期出家修道會、梵唄音樂會、與學行腳托缽等。

佛光山一千多名徒眾各有專長，永富除了熟稔寺院行政，發心弘講之外，對於戒會、法會儀軌，像短期出家修道會、五戒菩薩戒會、三壇大戒，甚至水陸法會，都難不倒他，也多次擔任三壇大戒的開堂和尚尼，可以說是佛教界的專家了。

由於永富音聲嘹亮，擅長梵唄唱誦，佛光山成立「佛光山梵唄讚頌團」時，就由他擔任團長一職，落實我倡導的「以音樂弘揚佛法」。數十年來巡迴五大洲，透過音樂，把人間佛教帶到世界各地，也曾到北京、上海、杭州、南京等地演唱，促成兩岸佛教的交流，引起熱烈的回響。

有一次永富來找我，我對他說：「你跟我赴湯蹈火去！」就這麼一句話，他就追隨我到臺北，轉任國際佛光會中華總會秘書長，配合吳伯雄總會長、署理會長慈容法師推動會務，帶領全臺各分會舉辦各種淨化人心活動。

在佛光會任內，我告訴他，要團結佛教、社會各界，爭取佛誕節成為國定節日，這需要一一去拜訪立法委員說明，他二話不說，奔走立法院，獲得二百多位立委及各宗教團體聯署，終於在一九九九年九月，政府公布五月第二個星期日訂為國定佛誕節。

隔年五月，佛光山和佛光會邀請臺灣所有的佛教團體，如慈濟、法鼓、中臺等，共同在臺北中正紀念館舉辦首屆國定佛誕節慶祝大會，同時舉辦大型的佛誕花車遊行和全省各縣市路跑等等，有來自世界各地佛教人士共襄盛舉，讓社會感受到佛教積極入世、服務大眾的活動力。

永富經歷十幾年的學院養成、佛光會的社團歷練，後來也擔任金光明寺與普門寺的住持，現在擔任佛光山港澳總住持，香港佛光道場等，在他的領導之下法務蒸蒸日上。

香港是個國際城市，我期望永富立足香港，放眼世界，把人間佛教的理念廣為弘揚，讓三好、四給、五和成為民眾的生活習慣，成就更多的好人好事，讓東方明珠的香港更具和諧包容。

永富的性格進取上進，工作之餘，先後完成南京大學宗教學研究所、佛光大學藝術研究所學業，取得了碩士學位。今又聞他在度眾忙碌之餘，整理了他近年來的弘講的內容，由香海文化出版發行，並邀我作序；他在學業、道業、弘法事業的勤勉不懈，有此著作出版，我樂見其成，歡喜為之。是為序。

二〇一八年三月於佛光山開山寮

永富法師——以師志為己志

佛光山開山寮特別助理 慈惠

佛光山的宗風，就是「人間佛教」，佛陀成道後，並不是選擇進入無餘依涅槃，而是走入人間，首先前往摩羯陀國為頻婆娑羅王說法，頻婆娑羅王得到無上的喜悅，遂帶領全國官員，上自首相下至里長皈依佛陀。佛陀從此說法四十九年，一生走在人間。佛陀的法要，是為人而說、為世間而說。因此佛光山開山星雲大師深刻體會，唯有人間佛教才是佛陀本懷。永富法師秉承大師的思想，體悟到淨土法門是非常適合現代人做為生活中的修行功課，而發願以弘揚星雲大師淨土法門做為修持的中心德目。

永富法師好像出生來到這個世間，就是要當一位出家人的。他自小進入佛門讀書，三個月就剃度，雖然十幾歲的年紀，但端莊穩重、持戒嚴謹，對於大師的法教，可以說一心專志，恪守本分，沒有二想。因為與生俱有出家人的性格和心願，所以跟大師很能相應；在弘法度眾上，也學習大師的熱心和積極，三十年來從不疲倦。

由於跟大師非常相應，能知道師父的想法，加上得天獨厚的梵唄天賦，讓他有機會在大師開創佛教歷史上所沒有的梵唄弘法音樂會時，跟幾位師兄弟由大師親自調教，學習、執行相關的弘法工作，不但讓佛教梵唄登上國父紀念館、國家音樂廳、國家劇院，更遍及全球一流的表演殿堂，如：香港紅磡體育館、上海大劇院、北京紫禁城中山堂、東京三得利音樂廳、英國倫敦皇家劇院、美國洛杉磯柯達劇院（奧斯卡頒獎場地）、澳洲雪梨歌劇院、柏林愛樂廳等，都留下梵唄音樂弘法的足跡。及至後來成立了「佛光山梵唄讚頌團」，永富成了不作第二人想的團長。

由於永富從小在佛門中依僧團規矩長大，在大師的帶領下，他學會了全部的唱念，對傳戒等佛門儀軌也非常嫻熟，這是他在佛光山眾法師中很特殊、也很令人欣賞的地方。過去在佛學院，他能攝受學生、如今住持一方領眾熏修，信眾相當讚歎、在佛學課程上不遺餘力帶領信徒深入經教、梵唄及法會行政的嫻熟、將淨土法門做為弘揚人間佛教的利器……可以說，在大師的弟子中，堪稱模範。不久前他告訴我，已經將多年弘法度眾心得，規劃成書，訂為「當下淨土」系列，欣見他進一步用文字，闡釋人間佛教的淨土理念，我樂見其成，並期許此「當下淨土」系列，能帶領更多有緣人，共創人間淨土。

文字弘法如淨土之蓮開敷

國際佛光會世界總會署理會長　慈容

如眾所知，星雲大師創建佛光山的初衷，不是蓋道場，而是實現自年輕以來的信念——佛教必須有正統的佛學院，以落實佛學教育、培養人才。在此信念下，大師期望叢林學院師資能由初期的向外延聘，漸次達到自己培養人才；人才畢業後能任教於學院、推展佛教的行政乃至住持一方。永富法師即依此理念，接受紮實教理、行誼等深入探討，一路出來的優秀僧伽人才。

永富法師最初任職佛學院，在學院十年教學，他的成長有目共睹。一九九四年，大師有感國際佛光會中華總會需要能運籌帷幄、卻不失佛教正命的秘書長，乃調任永富由南往北，開啟他與我密切配合七年的契機。在中華總會共事期間，我們合力舉辦「回歸佛陀時代三修法會」、「慈悲愛心人」七誡活動、「迎佛牙舍利」等，也一起奔赴「臺灣九二一地震」、「南亞海嘯」、「九一一事件」的災後救濟途中……。忙碌的會務中，永富法師繼我之後接下金光明寺兼任住持，後轉任我住持過的普門寺，想來永富法師跟我法緣不淺。在永富法師擔任住持後，有感信眾需要，我聽聞他矢志以淨土法門接引信徒，十幾年來他的講說扣緊淨土法要。淨土法門被歸為「易行道」，因為過去教育不普及，為讓不識字者生起信心，而提倡持名念佛，只要淨念相繼，就如《佛說阿彌陀經》云：「……執持名號，若一日、若二日，若三日……一心不亂，其人臨命終時，阿彌陀佛，與諸聖眾，現在其前……即得往生阿彌陀佛極樂國土。」淨土的三經一論，加上各祖師講說，都有嚴謹架構。永富法師的當下淨土系列第一本《一念彌陀富三千》，即有系統的敷演淨土之鑰，和持名念佛達到解行並重的修持。

永富法師的卓爾不群也表現在唱誦和法務行政，他是三壇大戒最年輕的開堂和尚尼，水陸法會內外壇的統籌；這幾年，他有計劃的透過法會開示，將瑜伽焰口、梁皇法會、彌陀佛七等重要法會次第，提綱挈領做了整理，這些重要的觀念和流程，將收錄在當下淨土系列第二、三冊。佛光山出家徒眾在星雲大師「以文化弘揚佛法」號召下，個個在藝文方面多少都須涉獵，如能追隨大師腳步著書立說，值得歡喜的，欣見永富法師三十年的努力，即將呈現在師父和大眾面前，我為他感到高興，也希望「若有見聞者，悉發菩提心，盡此一報身，同生極樂國」。是為序。

推薦序

以人間佛教視野實現生活淨土

國際佛光會前副總會長
香港佛教學院院長
李焯芬

二十世紀是中國佛教全面復興、並走上了人間佛教康莊大道的偉大時代。人間佛教不但契合時代的需要，還可以幫助二十一世紀的人類社會在物質文明與精神文明取得更好的平衡，因此具有極大的生命力和發展空間。回顧近當代人間佛教發展的歷程，許多高僧大德和佛教領袖都作出了重要的貢獻。而實際成果最豐碩、貢獻最巨大的，我認為是佛光山的星雲大師。大師除了數十年如一日的推動人間佛教之外，還為人間佛教的未來發展培養了一大批的優秀人材，以利持續發展。現任佛光山港澳地區總住持永富法師，正是其中的表表者。

星雲大師培育人材，一貫重視多元發展，在不同的崗位上學會應對不同的困難和挑戰，藉此累積豐富的實踐經驗，成為多才多藝、獨當一面的佛門龍象。永富法師自一九八六年依止星雲大師出家後，曾長期任教於佛光山叢林學院女眾學部，又曾先後擔任過佛光山教育院總幹事、佛光山人事室主任、國際佛光會中華總會秘書長、佛光山金光明寺住持、佛光山普門寺住持等職務，經驗非常豐富而全面，因此是個不折不扣的通才、千手觀音。從佛門禮儀，到戒壇儀軌，到寺院行政，到僧伽教育，到活動統籌，到講經說法，他都極為精通，做得極為出色。法師特別擅長於梵唄唱誦，至今仍擔任佛光山梵唄讚頌團團長。

法師自二〇一四年來香港主持港澳地區法務後，大眾對他的多才多藝、他的精明幹練、他處事的勇於擔當、認真負責、一絲不苟，留下了極深刻的印象。大家對他讚歎不絕，非常敬佩；而佛光在港澳的善業亦在他的主持下，蒸蒸日上，不斷發展壯大。

我特別欣賞的是法師為大眾演繹大乘經典時的人間佛教視野。眾所周知，法師特別擅長於宣講淨土三經。他除了能夠深入淺出、言簡意賅為大眾解說《阿彌陀經》，闡釋《無量壽經》四十八願的具體內容以及《觀無量壽經》的十六種觀想外，他還會鄭重告訴大家：只要念佛有信心、有力量，我們就可以活得快樂自在。他鼓勵大家憑藉信和願將淨土變成生活中的事實，一心不亂的修習，人人就能生活在清淨的當下。他提醒大家：淨土是阿彌陀佛與個人的共同成果；淨或不淨並非取決於阿彌陀佛，而是每個人都需要下定決心，為自己和別人實現淨土夢想。法師的淨土觀，洋溢著星雲大師人間佛教的智慧，十分積極，充滿正能量和生活氣息。

法師以慈心悲願，立定以淨土法門度眾，除了以法會儀式普照有情眾生，更透過文字珠璣，把淨土法門中法會的儀軌要義及日常生活中的修行要領，普傳給有緣大眾，相信對每一位見聞者，都將有莫大的啟發和幫助。無量感恩法師的慈悲和願力！辛苦您了！

二〇一八年初夏，於香港

推薦序

一心生萬法

新北市格致高級中學校長　鄭經緯

由於妻子學佛的因緣，讓我有機會接觸道場，也跟著偶爾參加法會共修。回首與佛法結緣的路上，時而前進時而後退，因為工作的關係始終沒有深入瞭解，但是每每煩惱生起，就會不自覺提起一句佛號，這要歸功於永富法師的指導。

與永富法師結緣是二〇〇九年，法師在普門寺駐錫的期間。我與妻子參加佛學課程，聆聽法師宣講《觀無量壽佛經》，法師的善說，讓我對淨土有一番認識與嚮往，對於彌陀的聖量與慈悲有進一步的認知與感動，可以說對淨土法門有一番全新的瞭解。

永富法師教導我們，念佛時要專注，同時心中要憶念阿彌陀佛的光明攝受，口裡念著佛號，耳朵清清楚楚的聽到自己的佛號聲，更可加強念佛的力量。我依照法師的教導，有時念佛念到深刻處，會有時空俱泯、物我皆忘的境界，真是非常勝妙的感受。

因為這樣的體會，加深我念佛的堅定力量，並同時瞭解「專注」的重要。「專注」就是「一心」，我把這樣的體會運用在教育工作的範疇，與老師、學生分享，如果老師想把書教好、學生想把書讀好，首先就是要「一心」，「一心」非但是淨土的基本功夫，更可說適用於一切世間與出世間法。

永富法師之於淨土法門的闡揚，除了以說法、宣教度眾，他獨殊的唱誦更令人攝受。法師的音聲親和明亮中帶著慈憫，記得曾經參與法師主法的「三時繫念」法會，過程中除了攝心的佛號外，每每法師念到和尚白文時，音調中有令人震攝的感動，好像殷切提醒信眾別忘了經典中一開始的白文：「若人登彼岸，極樂有歸舟」，要立定心志，別再徬徨。

近年永富法師效法杯渡禪師的大願，到香港繼續弘法的大業。二〇一六、二〇一七年，格致中學設計科的師生兩次受香港佛光道場邀請參加佛誕嘉年華的盛會，我在香港看到永富法師以善巧的方式結合現代科技弘法，創意隨處可見。道場以大型透明玻璃改裝成浴佛車，車內供奉悉達多太子聖像及浴佛水，信眾隨處可以上車浴佛，誰說佛教是陳舊與一成不變！這樣的方式不但接引青年一群，也為弘法走出新路，炫麗透明的大車停在香港多處地點，播放著〈浴佛偈〉，無形中讓更多的人眼見或歷耳根播下菩提種子，我兩次親自看到維多利亞公園，在嘉年華當天湧進成千上萬的人潮，爭相參與各項慶祝活動，這些入園的人可能不是個個都有宗教信仰，但這樣的活動事實上無形中融入香港市民生活中的一部分。

永富法師長年熏習淨土的悲心與恆願，弘法布教的功蹟難以盡數，我僅略知一二，在此提出作為拋磚之舉。欣見法師再以文字般若和大眾結緣，在此謹祝禱法師法輪常轉、法緣廣傳。

【自序】

將此深心奉塵剎

永富

我於一九九八年擔任國際佛光會中華總會秘書長第五年時，同時兼任佛光山三峽金光明寺住持，投入寺院弘法的工作。因為站在第一線面對信徒，深深感受到他們的需求，瞭解世人都普遍希望生活安定、家人健康、凡事順心如意等等。

然而，人不可能每天都過著幸福美滿快樂的生活，如何妥善處理家庭、職場事務、人際關係、生活的憂悲苦惱？甚至面對老病死生的人生重大功課時，我們要靠什麼？答案是靠自己內在的力量。這股力量來自正確的生命態度，也就是佛法裡所謂的「正知正見」。有了正知正見，就算在最困頓潦倒時，透過佛法的修持，只要有力量安忍，就可以過關，甚至昇華、超越痛苦。

然而，一般人並不深究佛法的真義。我經常看到有些前來參加寺院法會、共修的信眾，不知道自己真正想祈求什麼，甚至有人以為登記了功德就可以安心，覺得這樣就能得到諸佛菩薩的護佑。停留在「信佛」、「拜佛」、「求佛」的信仰層次，這是不夠的。

佛教是智信而不是迷信，加之，家師星雲大師一生致力推動人間佛教，強調佛法要落實在生活中，才能真正受用。基於此，我除了不斷的在寺院裡開設佛學課程之外，在道場舉辦各種法會前，也會針對法會的儀軌和唱誦內容的意涵特別做一些提示和講解，希望讓前來參與的大眾能夠明白、理解相關的法義，進而能「學佛」、「行佛」。

提到法會的儀軌、梵唄的唱誦，家師星雲大師謙稱他自己五音不全、不會唱誦，儘管如此，家師對叢林各種規矩、行事、法會儀軌及梵唄唱誦等非常嫻熟。佛光山開山早期，家師經常親自指導佛學院學生梵唱，多次為常住大眾教授各種法會儀軌，為佛光山教團建立了如法如禮的儀制，為我在法務和梵唄唱誦方面穩扎了堅固的基礎。特別是我在佛學院擔任教職十年，參與了本山常住眾多弘法項目，例如：行腳托缽、大專佛學夏令營、教師研習營等，學習如何掌握籌辦活動和布教的要領，尤其又參與籌辦三十幾期的短期出家修道會、皈依典禮、五戒菩薩戒、三壇大戒，以及佛教最大型的水陸法會等，都加深了我對各種梵唄唱誦、法會儀軌內容的瞭解。

為報佛恩、師恩，我服務金光明寺時，不論弘法多麼忙碌，一定為信眾上課、開辦佛法講座。雖然金光明寺地處偏遠，資源不是那麼具足，但我舉辦精進齋戒會、朝山、跑香、佛學課程、念佛共修等，信徒都很攝心，甚至還有信徒遠從泰國、香港前來參加。看到他們在信仰上，從起信、參與、受持、實踐、改變、證道，更增加了我弘法的熱忱和信心。

我從一九八六年臘八出家，近三十三年來，從沒想過要著書立說、出版書籍。今因緣際會，感謝香海文化出版社將我歷年來授課、法會開示的內容結集整理，祈願藉由本書的出版，與有緣人分享我多年來與大眾結緣的心得，祝每一位見聞者都能感受法喜；若內容有疏漏之處，更期盼前輩大德能給予指導。是為序。

二〇一八年三月於香港佛光道場

目次

若有見聞者，悉發菩提心

戒定慧、信願行

三業清淨，聖道相應

莊嚴國土、成熟眾生

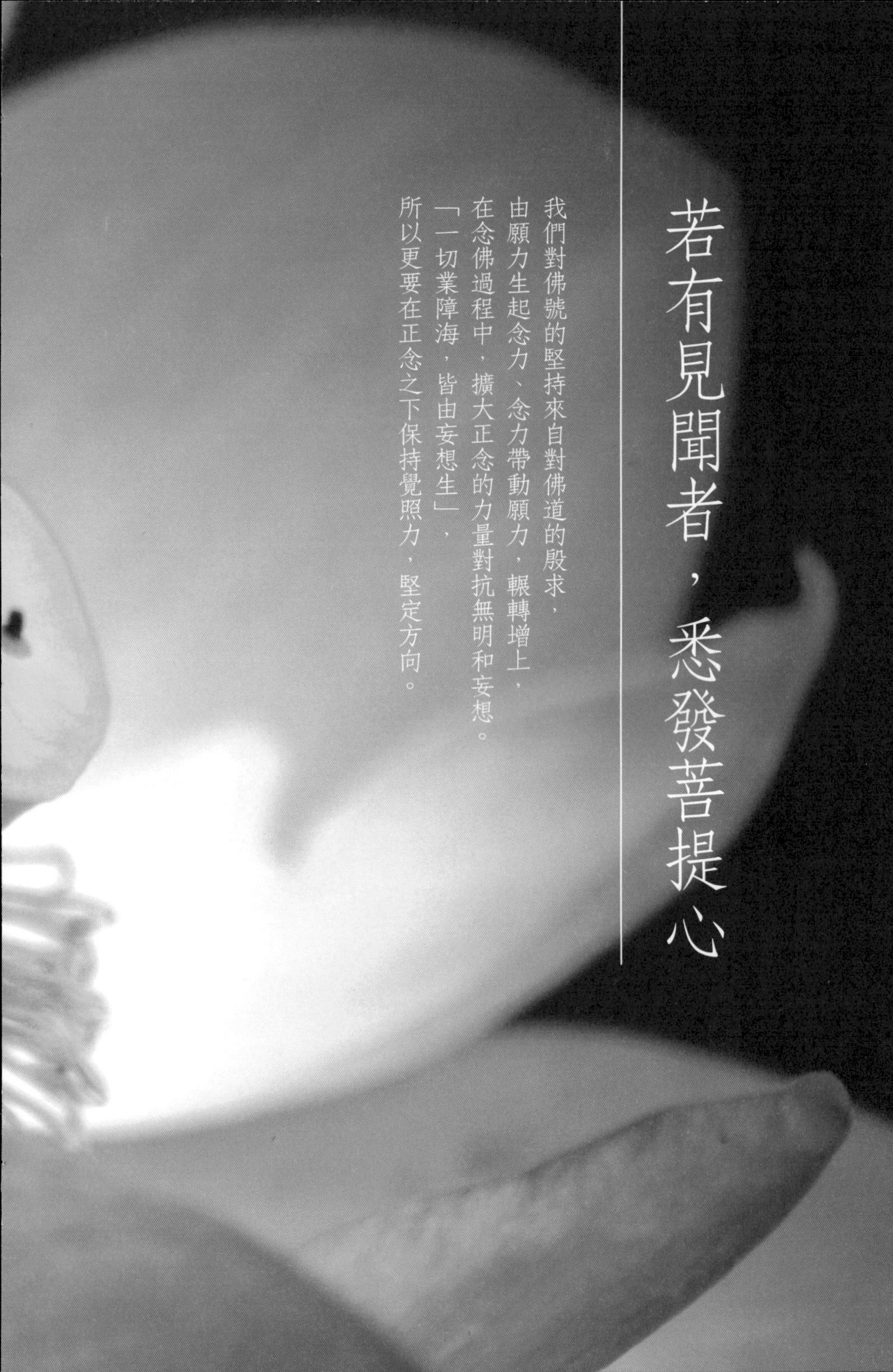

若有見聞者，悉發菩提心

我們對佛號的堅持來自對佛道的殷求，
由願力生起念力、念力帶動願力，輾轉增上，
在念佛過程中，擴大正念的力量對抗無明和妄想。
「一切業障海，皆由妄想生」，
所以更要在正念之下保持覺照力，堅定方向。

生命最高的價值

——發菩提心

「修行不發菩提心，猶如耕田不下種」

發菩提心，就是在我們的心田，播下清淨的種子

讓善根萌芽，成就佛果

生命的意義與價值到底是什麼？這是很多人腦海中常浮現的疑問，這也是為什麼從古至今一直有很多人研讀哲學的原因。探討生命的意義和價值可先從「人生」的層面開始，漸進至「生命」的層次。我們的日常生活充斥著「成、住、壞、空」的物理現象，小至個人的成敗得失，大至社會政治及經濟變遷，我們要如何去看待

人生遇上的種種問題？如何去接受、克服生活中遇到的困境？

其實，我們面對「人生」各種問題的態度，決定了個人的「生命」價值觀。舉例來說，現代人總是手機不離手，不小心把手機掉到地上的話，就可能有各種狀況出現，例如：手機螢幕破裂、內部機件受損、接收訊息不良，但也有可能手機絲毫無損，就像不曾摔過一樣。假設遇上這種情況，你會不會想：「是不是哪種牌子的手機比較好，較禁得起摔？」作為佛教徒，當我們經歷挫折後，就像摔過之後仍完好如初的優質手機，因為我們在佛陀的教導下，對生命充滿光明和善美的希望，面對人生的態度積極，因此禁得起生活的各種考驗，而我們所建立的生命價值觀要比一般人高。

佛教徒的生命價值觀

《華嚴經．普賢行願品》云：「若令眾生生歡喜者，則令一切如來歡喜，何以故？諸佛如來以大悲心而為體故。因於眾生而起大悲，因於大悲生菩提心，因菩提心成等正覺」，意思是修行目的是要成就無上正等正覺，也就是成佛，而成佛就一定要先發菩提心。古德還說：「修行不發菩提心，猶如耕田不下種」，可見發菩提心是非常重要，佛教有別於其他宗教之處也就是發菩提心。佛教徒護持三寶、弘揚佛法，其實都是發菩提心的前方便，不只自己得到利益，還能夠幫助一切眾生得到解脫。

發菩提心，「上求佛道，下化眾生」，當我們營造機會讓眾生與佛教結緣時，所結的不只是世俗之緣，更結出世解脫的因緣，因為悲憫眾生沉淪於生老病死苦海裡，希望能夠幫助眾生了生脫死。佛教修行有八萬四千法門，包括皈依、持戒、持咒、善行、懺悔等，都是修行的入門，入門後還是要進一步發菩提心，才能展現生命的價值。

一般人只會對有緣的人、自己喜歡的人好，即使傾盡家財，也在所不惜。學佛之人則要有「無緣大慈，同體大悲」的精神，對待眾生要從對「有緣」的感情提升到對「無緣」的感情。別人對我不好沒關係，只要是有意義、有價值的事情都應該平等施予歡喜、施予關懷，不計較利害得失。

星雲大師曾開示，菩薩道的精神就是發起「上弘下化」的菩提心，否則行者就不能稱之為菩薩。修淨土法門更加要發菩提心，以行菩薩道作為往生西方極樂世界的資糧。亦如大師所說，能進入西方淨土的人必定是不離棄眾生、不逃離世間。行菩薩道的人，在服務中發菩提心，從關注別人的需要中成長。人間佛教的修持是以菩提心服務大眾，透過義工服務讓大家生命的層次提升。

菩提心的層次

大乘佛教沒有一部經典不提及發菩提心。佛教所有法門的修學都是建立在發菩提心的基礎上，離開菩提心，佛法的修學就變得空洞和抽象。菩提心的修證分為發心菩提、伏心菩提、明心菩提、分證菩提、究竟菩提五個層次。

第一層次「發心菩提」，即領悟菩提心，並發願要證得佛果，立下了殊勝的目標之後，依照佛陀教導的方法來修練菩提心，包括慈悲、忍辱等。《金剛經》作出指引，「善男子、善女人，發阿耨多羅三藐三菩提心，應如是住，如是降伏其心」，發菩提心，還要安住菩提心，降伏妄想。

第二層次「伏心菩提」，降伏不清淨的心念。一般人的心念是時而清淨、時而不清淨，須時刻留意自己的起心動念，惡念生起要馬上降伏，善念出現則要保持不失。要懂得自我觀照、自我反省、慚愧懺悔。

第三層次「明心菩提」，明心見性，契悟我們的真如妙心，不生不滅，「真如」是指原本沒有受到染汙的心性、單純的自性，沒有對立、分別、計較，絕對平等。學佛是將生命內在的雜質去除，留下清淨本質的部分，並以願意幫助別人離苦得樂的心意，如實的在人間履行。

第四層次「分證菩提」，分證意指初地以上菩薩次第修行，斷除一部分煩惱而證悟部分之中道。契悟人人本具的清淨心性、佛性，還要悟後起修。難行道就是破除我執，破一分就有一分成就，全部破除最好，否則最少降低一點，不要那麼剛強。《金剛經》金句：「應無所住而生其心」，保持依心起修、依性起修。遇到順境時，知道是過去的福報，加以珍惜與把握。遇到逆境時，知道是過去多世以來所造的惡業現前，以般若智慧隨緣消舊業。堅守正念，保任覺性。

第五層次「究竟菩提」，佛、緣覺、聲聞各於其果所得之覺智，稱為菩提；佛之菩提為無上究竟，故稱無上菩提。經典有云：「常化諸眾生，心不生疲惓；於無上菩提，堅固不退轉」、「假使熱鐵輪，於汝頂上旋，終不以此苦，退失菩提心」，真正發菩提心，不害怕長劫受苦而退失，在痛苦的情況之下也不捨棄佛法。

發菩提心的要領

一、建立受報還債的觀念

從佛教的觀點看，眾生來到世間都是來受報還債，而佛菩薩則是來還願度眾生。所謂「夫妻是緣，無論善緣惡緣，無緣不聚；兒女是債，還債也好，討債也罷，也是無債不來」，重點不在於善緣惡緣，也不在於如何受報，而是在於有很深厚的緣才會一起生活。這一切都是提醒我們，沒有絕對的好與壞，無論是緣或是債，都要當下善了。

佛說「人身難得」，能來到人間，一定具備了五戒十善的基本條件。因此，我們一定要清楚明白善惡因果的道理，知道什麼該做、什麼不該做。受報就是要為所造作、所想、所說的負責任，如果真的清楚明白，那我們就懂得不可以亂說、亂想、亂做，因為一切都要自己承擔。我們因業力而來，緣此我們受報，佛教的教義提示「自作自受」、「各人生死各人了，各人吃飯各人飽」，不是很有道理嗎？

要認識清楚，我們每一個人的人生都是個人過去世所做的因，與今生所行的善惡而形成的果。現實生活中，有些人很努力，但是做不到理想的成績；有些人做事不怎麼認真，卻有很大的成就。看起來很不公平。若是把生命追溯到過去世，甚至每一世或無量劫的歷程，可以思考是不是還有我們過去所做的行為還沒有受報。明白業果報應的話，不管人事物的好與壞都能接受，並且會祈求佛菩薩的加持，培養出更堅定的力量和信心。

二、發願利益成就眾生

我們要促成一件事情之前，必須要先發願，發了願就是設定了目標，進而有意志力去完成。當一旦發心立願做某事，過程中就會有很多助緣來幫我們，〈勸發菩提心文〉就有說「金剛非堅，願力最堅」，因此一定要有清楚的人生目標，然後朝向目標出發。

人都是依業緣而來，並不是爸爸媽媽想生孩子，我們就會來的；而我們過去世也有許下生生世世的願望，因此請記著：「是我們自己要來的」，目的是為了要還願和滿願。因此，在短暫的人生裡，我們應該認真發願，而且這生想要完成的事情可能是來自過去世的發願，要趁今生好好完成。

每個人在生活中扮演不同的角色，在家中是為人子女、為人夫或人妻；在學校是老師或學生；在職場是雇主或雇員，不同的角色肩負不同的責任，盡自己的責任就是人生的意義，能夠還願與滿願就更加圓滿。

其實許願、發願或是還願，都是對生命的一種承諾。就算沒有學佛，也要重視人與人之間的承諾，更何況是對自己許下承諾。眾生依業力而來，一方面為受報還願來的，另一方面要活得有意義和有價值，對別人有利益，也能讓自己有所成長。

既然人生的價值在於利益眾生，就要學習佛菩薩的精神，發利益眾生的願，並且盡全力實行。

發菩提心的條件

學佛修行和發菩提心都必須具足「智慧」與「信心」。現在很多人對佛法都作深入的研究或歷史考證，但跟真正學佛修行不一樣，因為佛法強調「聞思修證」、「行解並重」、「信願行」。即使有智慧，但缺乏對佛教的信心，就會有偏執、偏知、偏見，甚至會走錯方向。從另外一方面來說，不研究佛法、不瞭解佛法的道理，單憑對佛教有信心，屬於情感上的依賴，欠缺智慧分析，也會產生誤解。

除了要有信心、智慧之外，學佛修行發菩提心，還要有大悲心，因為「諸佛菩薩，以大悲心為根本」，有大悲心的展現，才能進一步把心念擴大，再行平等心。我們必須明白，世間一切法都是緣起性空、因緣成就而聚合。而且，當我們理解「三輪體空」的道理後，從「有相」慢慢進入「無為無相」，才有辦法跟佛道的法義相應，這才稱作修行，發心立願，成就眾生。

應無所住而生其心

「佛心天子」梁武帝是佛教的大護法，曾四次捨身同泰寺出家，希望朝臣能夠發心護持佛教、修建寺院，他昭告文武百官，大家能夠布施供養三寶的話，他就會繼續治理國家。在梁武帝的主導下，很多寺院獲得修建，也有很多人出家。著名的禪宗公案就提及達摩祖師與梁武帝會面時，梁武帝問達摩祖師，他為佛教做了那麼多善行，有沒有功德？達摩祖師的回答是沒有功德，並且表示真正的功德是「淨智妙圓，體自空寂，如是功德，不以世求」，可見達摩祖師教導梁武帝不要執著布施供養的福德，才有辦法提升與進步。

修人天福報要有五戒十善。菩薩則要六度萬行，生起菩提心，行布施和依止空正見，做任何善行都跟般若智慧相應。行菩薩道，但不執著在行菩薩道，才能貫徹大乘菩薩道的精神。

學佛不可不發菩提心

常有人告訴我，在未學佛之前，似乎沒有很多煩惱妄想；學佛修行之後，反而多了煩惱妄想，於是懷疑自己是否退步。事實並非如此，那是因為很多人在沒有學佛之前，不知道自己的煩惱無明深重。學佛開始修行後，心變得比較細膩，就會慢慢覺察到自己的習氣、煩惱，也因為知道自己的缺點所在，才會想改過、提升，這其實是進步。

學大乘佛法，要以發菩提心為根本。面對外緣，道心強還是煩惱強？有善根的人會自省、自覺、自調。假若道心比煩惱弱，煩惱粗重而善根薄弱，當想用功時總會覺得用不上力。外緣逆著來時會讓我們退失。順境也不好，容易養尊處優，沒有憂患意識。面對生命要瞭解自己，不瞭解自己會盲目的活著，會不知道要的是什麼。要先瞭解自己、認識自己，知道不足才會往上提升。

我們希望契入菩提心，就要在日常生活中訓練自己，所謂「動中磨鍊、靜中熏修」，例如：做早晚課、禪修、誦經、持咒等。這些都是前方便，也是助道因緣，因為佛法不容易理解，有了前方便的引導，我們較容易落實學佛，就如古德所言：「生處轉熟，熟處轉生」。「生處轉熟」即是將陌生的善法、善念不斷的實習，轉為熟悉之法；而「熟處轉生」是將熟悉的惡法、惡念去除，如此身心就能日益清淨，生活光明安樂。如果我們可以從生活中訓練自己面對各種人事物不起執著心，就會轉煩惱為菩提。

歡喜自在的人生

「人身難得今已得，佛法難聞今已聞」

要活得歡喜自在、活在當下

全力以赴後

看淡輕重，忘掉對錯

杜甫〈曲江〉詩云：「人生七十古來稀」，即使到了現今，人的平均壽命雖然已延長到八十多歲了，但真正能有所發揮的歲月還是很有限。因此，我們要為有限的生命做最有價值的規劃，為眾生作出貢獻。

學佛要歡喜自在的修行，不是苦修。有沒有清淨心？歡喜心？遇到順逆境時的心是否一如？「文殊遇緣則有師」，順逆緣、順逆境都是老師，「順境修福德，逆境修功德」，在所有境界中增長智慧和慈悲。不管修什麼法門都要做到心的轉化，清淨心要現前，心不轉過來，生命品質很難提升。自在的狀態是灑脫、不執取，不會放不下。

要從佛法的角度來看「順境修福德，逆境修功德」。生活平順的時候，金錢物質無缺，有很多機會布施，就是在累積福報；但是功德和智慧，卻是愈艱苦愈好修，因為要用生命去體證，唯有忍耐走過，功德和智慧才會增長。

文殊菩薩有三種方法面對困境

一、不對抗

一切境界都是唯心所現，抗拒境界就是抗拒自己的心。自我反省、懺悔，就容

易跳脫出境界，並且要有柔軟、包容的心。有瞋恨心就會傷害自己的慈悲，汙染自己清淨的心，失去歡喜自在。要保持慈悲喜捨的心念，星雲大師透過〈佛光四句偈〉：「慈悲喜捨遍法界，惜福結緣利人天，禪淨戒行平等忍，慚愧感恩大願心」，讓大家在生活中實踐四無量心。

苦和樂都是我們的念頭和看法，在一念之間下功夫，就能自主不受影響。痛苦是因為當下過不了，執著某個人或某件事為障礙，變成痛苦。只要轉變念頭，何時何地都能歡喜自在。我們身處於相對的世界：成與敗、得與失、對與錯、開心與不開心，要創造自己的心是歡喜自在、不動的；不抗拒、不對抗，對抗就會產生輪迴的因。

二、轉逆緣為道用

遇到困難、挫折時，要感恩有成長的機會。因為順境容易迷失，就像富貴學道難，因為沒有逆境、困難來幫助我們清醒。一般人覺得有障礙不好，但對修行人來說卻很好，修行人要帶三分病，沒有病怎麼知道眾生生病的滋味？「願我讀盡世間書，行遍天下路，歷盡人間苦，使我猛覺悟」，才能轉逆緣為道用，把深層的心喚醒。逆緣不是要我們難受，而是幫助我們覺悟，要把逆緣當成修道的助緣，不要遇到不幸時只有傷心，沉溺於悲痛中。在苦裡，我們更能體會發菩提心，代眾生苦，讓苦承受得更有意義和價值。

三、增長智慧

《心經》有云：「色不異空」，一切物質都不會影響我們的心，心還是自由自在、無罣礙。有罣礙就有痛苦，不要讓境界影響心，境界出現時不要執著分別。

內心如果煩惱重，要清淨很困難。我們要先認識自己內心有很多無明障礙，一天到晚活在喜怒哀樂中、活在「要」與「不要」的取捨中，因而患得患失。眼耳鼻舌身意如果「住」在色聲香味觸法上，這種「住」就是執著。反之，對一切境界不停留，就是「無住」，「無住」才可以把心安定下來。「無住」是定的境界，在定的境界裡還要再生智慧，才能與佛菩薩相應。「生心」是一種智慧，「無住生心」，不但對任何物不起貪愛，而且當下心念清清楚楚、明明白白、處處作主。

歡喜自在的四個法則

既然「人身難得今已得，佛法難聞今已聞」，我們就要珍惜生命，要活得歡喜自在。如何活得歡喜自在？我歸納出「認識自己、光明思考、提起正念、活在當下」四個法則供大家參考。

一、認識自己

我們真的認識自己嗎？天生我材必有用，要瞭解自己的優點和缺點，還要看到自己的習氣。

釋迦牟尼佛組織僧團後，他的俗家兒子羅睺羅年紀雖小，但也跟著出家了。羅睺羅生性頑皮，喜歡捉弄人。如果有人問他有沒有看到某人往哪裡走，而他明知某人往左走，卻會說往右走，造成僧眾困擾。因為被他捉弄的人太多，大家只好告訴佛陀。

佛陀沒有直接責罵羅睺羅，只吩咐羅睺羅用木盆端水幫他洗腳。洗好腳後，佛陀要羅睺羅把水倒掉，拿木盆去盛飯。羅睺羅跟佛陀說：「佛陀，不行，這個木盆髒了，不能裝食物。」佛陀就說：「是呀！」然後把木盆踢開，木盆滾呀滾，滾到牆邊去。羅睺羅看到這個景象感到驚訝，佛陀當下就開導他說：「羅睺羅，你常常愛捉弄人、愛說謊話，你的心跟這個木盆子一樣髒了。骯髒的容器怎麼能夠盛放清淨美味的食物呢？因此這個木盆子沒有用了。」言下之意，告訴羅睺羅：你也是沒

有用的人。羅睺羅恍然大悟，向佛陀懺悔：「我要打從心裡改正自己捉弄人和說謊的壞習慣。」羅睺羅痛改前非、精進修行，後來成為佛陀十大弟子的密行第一。

在我們認識自己的過程中，還要反省自己是不是對人事物有很深的執著？沒有反觀自己的心，就如同念佛沒有瞭解念佛的意義。很多佛弟子，尤其想要念佛求往生的人，常有修行上的盲點，他們多半只關注累積念佛的次數，而沒有觀照念佛的心。如果只是很努力的按著念佛機或撥著念珠念佛，這只不過是數字上的累積，念佛乃至禮佛最後變成一種形式，沒有真正念出和拜出自信與自我肯定。

二、光明思考

我們凡事都要以樂觀和光明面來思考，臺灣有句俗語說得好：「驚驚袂得等（害怕就不能成功）。」心念影響行為，負面思考的人，他的心永遠都處在擔憂、害怕與焦慮不安的狀態；反之，一個懂得光明思考的人就算在黑暗中，也能以愉悅、輕鬆的心情面對。

有一則〈哭婆與笑婆〉的故事膾炙人口，一位老婆婆在兩位女兒出嫁後天天哭，大家都叫她「哭婆」，有一位有智慧的長者問她原因，老婆婆說：「我的大女兒嫁入賣麵條的麵家，二女兒嫁給賣雨傘的商人。每當天氣好的時候，我就想到二女兒的雨傘沒有人買；而天氣不好的時候，我就想到賣麵條的大女兒沒有生意，所以天天我都傷心的哭。」長者提醒她：「老婆婆，妳可以轉個念頭，天氣好的時候想賣麵條的女兒，天氣不好的時候想賣雨傘的女兒，這樣想的話，她們不是都過得很好嗎？」老婆婆一聽感到很有道理，從此之後就不再哭，改為天天笑臉迎人，由「哭婆」變成「笑婆」。

蘇東坡與佛印禪師的公案也是眾所周知。有一次，蘇東坡問佛印禪師，自己禪坐的姿勢像什麼？佛印禪師說：「像一尊佛。」禪師反問蘇東坡，蘇東坡卻說佛印禪師看起來像牛糞；佛印禪師心中有佛，所以看什麼人都是佛。由此可見，人與人的互動都是心理的一種反射，因此把思想轉向光明面非常重要。心淨則國土淨，有一位主婦經常指責住在對面房子裡的女人很懶惰，衣服沒洗乾淨就拿出來晒，每次有朋友探訪都會說一次。朋友聽多了就拿毛巾把玻璃窗擦乾淨，主婦再看，原來是自己的玻璃窗不乾淨。若我們心不清淨，看別人也不清淨。心圓滿的話，一切都圓滿。心中有佛，看什麼都是佛；心中是牛糞，看什麼都是牛糞。

學佛的過程中，每個人的因緣都不同。有些人可能因為虔誠的懺悔、禮拜，得到佛菩薩的加持，克服重大的困難，甚至患上不治之症也能痊癒，但有些人並非如此。無論如何，我們都要清楚明白，任何事情都有因緣，關鍵在於我們的心念。

三、提起正念

很多人與其他人互動時若遇到障礙，很容易傾向一種想法：「千錯萬錯絕對是別人的錯，不是我的錯！」這是因為自我感覺良好，沒有辦法提起正念。下一次，不妨先自我調整一下，先說對不起，慚愧懺悔。就好像菩薩戒的儀式裡，在得到清淨的戒體前，把過去的不愉快和悔恨透過懺悔、發願讓身心清淨。

另一個提起正念的方法是要隨遇而安、隨緣歡喜。當我們了知每一個人來到世間的因緣和福報都不同時，就不用去比較或計較，有一首詩偈說：「你騎馬來我騎驢，看看眼前我不如，回頭一看推車漢，比上不足比下餘」，我們要有一顆知足常樂的心。

第三個提起正念的方法，就是要常常思考這個世界是一半一半的。星雲大師的至理名言有說：「這是一半一半的世界，白天一半、晚上一半；善良的一半、邪惡的一半；男人一半、女人一半；真的一半、假的一半；佛的世界一半、魔的世界也一半；你一半、我一半，這個世間，誰也無法統理另一半；努力好的一半，壞的一半也自然能減少；擁有美好的一半，包容短缺的一半，才能夠擁有全面的人生。」

最後一個提起正念的方法是，不要看表相，要看清楚實相。有位徒弟向師父請教人生的實相，師父沒有回答，只給他一個苦瓜，並囑咐他拿著這個苦瓜到聖地去朝聖，再用聖水好好的把它洗滌一番。徒弟照做了，去聖地繞了一圈後再回到師父的面前，師父要徒弟把苦瓜拿去煮一煮，然後做個苦瓜湯給大家吃，之後師父問每一個喝苦瓜湯的人：「苦瓜苦不苦？」大家回答：「苦！」師父語重心長的說：「奇怪了，到那麼多聖地朝聖過、又被聖水洗滌過的苦瓜，為什麼沒有變甜，還是那麼苦？」

苦瓜的性質本來就是苦的，就像人世間生命的實相也是苦的。人生八苦就是

「生苦、老苦、病苦、死苦、求不得苦、愛別離苦、怨憎會苦、五陰熾盛苦」，如同苦瓜的本性，不會因為經過聖地的聖水洗滌而不苦。覺得不苦的人是因為感受到苦瓜有聖水的加持，從善美的正念來思考，於是覺得不苦。故事讓我們參究人生的實相，我們有虔誠恭敬的心，知道佛的慈光會庇佑我們，有佛力、菩薩力的加持，提起正念，因此可以在苦中不以為苦，甚至還會去享受苦。

四、活在當下

活在當下，力行星雲大師所說的「三好」：做好事、說好話、存好心，何時何地都是修行的時間和場所。「凡事認真，但不當真」是我這數年來的體驗。面對生命的每一個當下，我們每一個人都應全力以赴，但是之後的結果不用當真，因為一旦當真就落入執著。就像「啟建水月道場，大作空花佛事」，我們在原本空無一物的體育館辦大型活動，經過眾人共同努力數小時後，布置出莊嚴的壇場，接著數萬名信眾進場，大家非常虔誠的唱念；再經過數小時共修後，法會結束了，各種擺設和舞臺也要全部拆除，體育館回復到原本的樣子。這就是因緣際會，每個人在當下好好努力，結束之後就要放下。如果還停留在盛會的情景中，用鬱鬱寡歡的心情面對繁華落盡，那就變成葬花的林黛玉了。

因緣出現，當下就是佛法，善於把生活一切轉變為佛法，學佛一定很活潑自在。修持不限於禪坐、念佛，而是藉著生活中每個因緣增長智慧，成就清淨心，保持覺照功夫。有一個人用鍋子煮砂糖，想讓糖漿冷卻，一直用扇子搧都無法令糖漿冷卻，因為沒有把爐灶的柴火抽出來。面對生活，沒有從心地下手，把三毒烈火抽掉，無法得到清涼狀態。拚命念佛幾萬句，拜佛幾萬拜，沒有清淨心如何消除痛苦？要在心地下功夫，《心經》：「無眼耳鼻舌身意，無色聲香味觸法」，就是要我們內在脫離六根的感受，不受外在六塵誘惑。

豁達的人生

以下網路兩則〈人的一生〉順口溜，博君一笑之餘，也希望大家藉此深思。

〈人的一生〉

一歲出場亮相
十歲天天向上
二十歲遠大理想

三十歲基本定向
四十歲處處吃香
五十歲發奮圖強
六十歲告老還鄉
七十歲打打麻將
八十歲晒晒太陽
九十歲躺在床上
一百歲掛在牆上

〈一張紙的人生觀〉

出生一張紙，開始一輩子
畢業一張紙，奮鬥一輩子
婚姻一張紙，折磨一輩子
做官一張紙，鬥爭一輩子
金錢一張紙，辛苦一輩子
榮譽一張紙，虛名一輩子

看病一張紙，痛苦一輩子
悼辭一張紙，了結一輩子
（最後重點在於）
淡化這些紙，明白一輩子
忘了這些紙，快樂一輩子

希望大家是屬於「淡化這些紙，明白一輩子；忘了這些紙，快樂一輩子」的人。

希望每一個人的所說、所行、所思都能趨向美好及光明，並且要懂得轉彎，那就絕對有空間讓我們去發揮，就像螞蟻遇見障礙物的時候，也懂得轉彎；只要一轉，生機就會出現。

悟在當下

真正修行的人沒有恐懼和悲傷，
悲傷是因為活在過去，
恐懼是因為想著未來，
佛法強調活在當下。
念頭生起時，不取、不捨、不執著。
心如住虛空，不修、不整、不散亂。
我們就會逐漸感受到當下都是淨土、當下都是美好。

面對緊張忙碌的生活和各種情境，一般人有兩種對應的方法：一種是趨；一種是避。趨是趨向，往前一直走。避是避開，退後、往左或往右走。從這個運作模式可看出，大家面對生命不同的變化時，常常會作出「選擇」，也可以說，我們是活在不斷選擇的生活中。佛法教我們跳過「選擇」的陷阱，透過不斷的覺醒、觀照去超越，不要一直陷入選左邊或選右邊的思惟。曾經有一位記者問法國前總統戴高樂：「你的立場偏左還是偏右？」戴高樂回答得非常巧妙，他說：「我既不偏左也不偏右，我是高高在上」，精而簡，充滿睿智。

學佛的人常說以佛法洗滌心靈，佛法豈是神丹妙藥，主要幫助我們建立正確的觀念，看清楚生命的本質。《百喻經》有一則故事：有一個人去朋友家中作客，朋友留他吃飯，餸菜因為加了一點點鹽巴，味道變得非常好。這位仁兄心想：加了一點點鹽巴就能讓餸菜的味道這麼好，如果再加多一點，不就更加美味嗎？於是他向朋友要了一杯鹽巴，把整杯鹽巴往口裡倒，結果鹹到受不了，變成滿口苦味。這個故事寓意人往往不從內心探究，一味往外貪求。當貪欲愈來愈大，貪得無厭，最後會把自己弄得苦不堪言。我們如果能領悟佛法的意涵，心不染著、不取於相，當下就能獲得利益。

放下自在

「放不下」可分為對人、對事、對境。怎樣才能夠「放下」和過得自由自在呢？以下四點供大家參究。

一、掌握自主權

每一個人都要清楚明白，「我是自己的主人，其他人不能操控我的意志」。為了不受其他人操控，我們必須認識清楚自己的習性。有一個真實的案例，有一個人每天去固定的報攤買報紙。儘管賣報紙的人總是板起臉孔，但他依然天天跟這位報販買報紙，並且每次都很客氣的說「謝謝」。有一次，朋友與他同行，覺得很奇怪，就問他：「這個報販為什麼板起臉孔？」他說：「這個人每天的態度都是這樣的。」朋友更疑惑的問：「他對你的態度那麼差，為什麼你還買他的報紙？對他還那麼客氣？」他回答：「我為什麼要讓他決定我的行為？」他的回答很有智慧，我們為什麼要讓別人的表現來決定我們的行為？境界沒有絕對的好與壞、人也是一樣，關鍵在於我們用什麼心態、動機去面對。我們面對別人的言語或行為時，要懂得做自己生命的主人，不要受到別人的言行影響而感到很高興或很難過。

《生命的答案，水知道》一書中，研究顯示：水會對人所講的說話做出回應，我們對水說出快樂、愉悅的話時，水的結晶狀態就會非常晶瑩剔透；但當我們對水發出生氣、忌妒或仇恨的話語，水的結晶就會產生扭曲、混濁的變化。想想我們的身體內有多少水的成分？包括血液、唾液、汗液，占人體的百分之七十，當我們生氣、怨恨、痛苦時，這百分之七十的液體會形成什麼狀態？當體內水分汙濁時，身體會健康嗎？

有四位剛出家的年輕比丘在談論人生什麼最苦。第一位比丘說：「肚子餓最痛苦。」第二位比丘說：「不是，人生最痛苦的是驚恐。」第三位比丘說：「不是，人生最痛苦的是發脾氣。」第四位比丘說：「我覺得你們說的都不是，人生最痛苦的是淫欲心。」當四位比丘說完後，佛陀從旁邊慢慢走過去跟這四位出家眾說：「弟子們，你們目前所說的都不是真正的苦，而只是你們身體的因果報應而已。」

佛陀具有三明六通，其中有所謂的宿命通，他向這四位比丘講述他們的前世因緣。第一位比丘覺得「餓」很痛苦，因為他前世是一隻飢餓的老鷹，長期找不到食物，飢餓變成一種習性，因此他以飢餓為苦。第二位比丘認為「驚恐」最痛苦，因為他前世是一隻白兔，常被獵人追捕，一直活在驚怕中，因此他以恐懼驚嚇為苦。第三位比丘說「發脾氣」最苦，因為他上輩子是一條毒蛇，瞋恨心很強，脾氣特別

暴躁，故此他以發脾氣為苦。第四位比丘表示「淫欲心」最苦，因為他上一世是一隻種鴿，專職配種，所以他深被淫欲所苦。

經過佛陀解說，比丘們清楚感受到自己生命累積的障礙。佛陀開示，真正的苦來自我們的五蘊色身，「五陰熾盛苦」指的是因為有了肉體和心識，也就有「色受想行識」所產生的痛苦，因此最大的苦來自於我們不瞭解自己。所以我們要懂得思惟，在面對生命的態度中看清楚自己的障礙，從而慢慢修正。

二、改變命運

農夫養的一隻老驢子，有一天不小心掉到一個枯井裡，農夫想盡辦法要把牠拉上來，這頭驢子卻爬不上來，痛苦的哀嚎。農夫覺得長痛不如短痛，反正老驢子也沒有經濟效益了，乾脆讓牠早點往生，不再受苦。農夫決定把井填起來，於是呼喚左鄰右舍來幫忙，大家把沙土搬運過來，用鏟子把沙土鏟進井去。這頭驢子眼見沙土忽然從天而降，意識到自己的處境不妙，哀嚎得更厲害。但是隔了一會兒，驢子停止了哀叫聲。原來，當沙土流入井裡時，驢子當機立斷，把散落在身上的沙土抖掉，腳依然踏站在沙土上面。當沙土愈來愈多時，牠就一直被墊高，最後，驢子終於上升到井口。在大家都還沒反應過來時，驢子拔腿飛奔逃跑了。

我們面對生命的困境，就如同驢子的處境。當遇到挫敗時，有沒有辦法往另一個角度思考，把倒在我們身上的沙土轉變成一塊向上提升的踏腳石？如果我們懂得轉化，就算陷入人生的谷底，也一定能夠反彈回升，因為當下的心態、心念會影響我們的反彈力，改變我們的命運。

星雲大師曾開示〈天堂與地獄之差別〉的故事：在地獄裡，大家吃飯時把餸菜搶來搶去，又互相推擠，結果一直在爭吵，甚至打架，沒空吃飯；而天堂裡，大家都用很長的筷子吃飯，夾了菜就送到對面坐的人的嘴裡去，因而每個人都能吃得飽。天堂與地獄的差別，在於天堂的人能為別人著想，不計較、不比較，因而活得從容自在。從這個故事裡，我們應有所體會，在利他的當下，也就是利益自己；在讚美別人的時候，其實得到好處的也會是自己，正是「欲得佛法興，除非僧讚僧」。佛法告訴我們，要在天堂或要在地獄，由自己抉擇。命運絕對可以改變。

三、快樂無憂名為佛

所有的負面精神狀態中，最不健康、最傷身心的就是憂慮。人會憂慮，是因為「我」跟「我的問題」之間不能協調。換言之，人因為有「我執」，所以活得不開心。禪宗裡有一句話：「不拘泥於有無，隨處作主」，意思是「放下著」，「著」

是虛字，用以強調「放下」這兩個字。

很多人學佛之後，常把生命不暢順的際遇歸究於他們的冤親債主。佛教所謂的「冤親債主」，其實是指四類對象。「冤」是從無始劫以來的生命歷程中，跟我們互動有仇怨而一直沒有化解的眾生，就成為冤的對象。「親」是在生命輪迴的每段歷程中，我們摯愛的人、欽慕的人、愛到放不下的生靈都成為親的對象。「債」是我們長久以來欠別人的，讓對方耿耿於懷，要跟我們償索的對象。「主」是別人對我們一直有所虧欠而我們放在心上，認為對方應該償還給自己的對象。

從以上敘述來看，很多執迷不悟都是來自於「放不下」，不管是自己放不下或是別人放不下，都會令人活得不快樂；所以奉勸各位，面對生命就是想辦法善了、化解、放下一切的人事物，一笑泯恩仇。

如果從因緣業報的角度來想，我們就能看清楚善惡本來就是一念間。關於「一念間」的態度，有個公案可以供大家參考。有一天，天氣很熱，寺院裡的花被太陽晒到幾乎枯掉。小沙彌看到就嚷著：「趕快澆水！」於是提了一桶水就要澆花。這時，老和尚提醒小沙彌說：「不要急，現在太陽這麼猛烈，在一冷一熱的狀況下，你把水澆了，這盆花就非死不可，等晚一點再澆水吧。」到了傍晚，整盆花已成梅乾菜的狀態，小沙彌不滿的嘀咕：「不早點澆水，這花死定了，再怎麼澆水也活不

了。」老和尚說：「少囉唆，澆水吧！」小沙彌的水澆下去沒多久，梅乾菜花居然慢慢復活起來，而且生意盎然。小和尚喊著：「這花可真厲害啊！就憋在那裡撐著呢！」老和尚糾正他說：「胡說，它不是撐著不死，是好好活著。」小沙彌說：「這有什麼不一樣嗎？」老和尚拍拍小沙彌的頭顱說：「當然不同啦，我今年八十多歲，你說我是撐著不死，還是好好活著？」

我們面對生命的態度，不就在那一念之間嗎？每一個人都如同釋迦牟尼佛所說，人皆有佛性。我們之所以還沒有成佛，是因為被太多煩惱遮蔽，所以佛性展現不出來、生動活潑不起來。

四、天生我材必有用

悉達多太子出生後，腳踏蓮花行了七步，一手指天、一手指地宣說：「天上天下唯我獨尊」，很多人都誤以為小太子表示世間上只有他自己是最尊貴；實際上，悉達多太子說的「天上天下唯我獨尊」的「我」是指每一個人的佛性，每個人都是世間獨一無二和尊貴的，總會有機會發揮長處，要對自己有信心，也對別人有信心，更要對佛菩薩有信心。

《觀無量壽經》敘述觀想西方極樂世界的十六個方法，初觀是日想觀，西方空中出現白雲、黃雲、黑雲，而太陽的光明會被這貪瞋癡的三朵雲遮著。落日觀以光明相為主，光明相不是正中午的猛烈太陽，而是一天中太陽最溫和的落日，是表法，彰顯溫和、沒有對立的智慧。把日想觀的作意運用在生活中，就要思考生活中其實有很多美好的人事物，保持中道，多看優點和看自己擁有的部分，不要看短缺的部分。

生活中的修行

——人間佛教如何實踐《華嚴經・淨行品》

星雲大師提倡人間佛教，常說「生活即修行」，那麼生活中到底要怎樣修行才符合人間佛教？

佛教徒最後皈依西方極樂世界，因為阿彌陀佛四十八大願的國土利鈍全收，沒有分別，大家在安然喜悅的環境進修。以人間佛教而言，現世在人間，不只是寄望下一生，更要把現前的生活處理好，透過佛法調整心念。〈淨行品〉就是教導我們把外在的境界轉為內在的清淨，善用其心。城郭用來預防水災，一定要堅固，我們的心也要能夠防止外來的敵人入侵，敵人是貪瞋癡，貪瞋癡又是從心而來。

閱讀經典若不能把經文的意涵運用在生活當中，學到的佛法只是累積常識和理論而已。佛法不只是概念上的理解，更要活用在生活當中。遇到挫折時以佛法觀照，並因為有佛法的力量而變得愈來愈堅定，清楚自己的目標，做自己生命的主人。

善用其心

學佛分析心念，儘量作出調整。一早起來，翻看〈淨行品〉最後一句偈子：「睡眠始寤，當願眾生，一切智覺，周顧十方」向佛菩薩發願，展開有智慧和覺醒的一天，要清楚明白佛是從無明煩惱醒來，自己也從夢中醒來，希望跟佛一樣慢慢覺醒，與人互動時保持清醒的狀態，清楚明白彼此的因緣。與人意見有分歧時，可能是自己未盡全力，也可能因緣尚未具足。事情未能做到圓滿時，就比較不會抱怨、在意、難過或執著，才能過得安然灑脫。

做任何事情若懂得發願，會活在喜悅當中，即法喜充滿。例如：看到好看與不好看的人會發願：「見端正人，當願眾生，於佛菩薩，常生淨信」、「見醜陋人，當願眾生，於不善事，不生樂著」、「見報恩人，當願眾生，於佛菩薩，能知恩德」，念了願文，寧可人負我，就算有人辜負了自己，也不會有報復的心理。接觸到知恩回報的人，希望一切眾生都能一樣知恩報德。見到修行人，希望一切眾生行為上都清淨。〈淨行品〉不只是教導大家明白經文的意涵，並且要把體會實踐於生活中。當實踐慣了，願望就會順手拈來，隨處可用。

懂得心念運用，很多事情都不可思議。《華嚴經》解讀佛的境界高不可思議，而我們都規限在可思可議的範圍內，無法擴大心量，把「我執」放下要有相當的訓練和功力，最重要把心調整好。我們往往因為抗拒、排斥而沒有辦法進入覺悟這條路。光羨慕別人的成就沒有用，要打從心內懂得欣賞，對自己有所啟發，豐富自己能力。心念引導口業，口中說的話都是發願，因此請儘量說好話，最後會回到你的身上。若鑽牛角尖，跟負面情緒糾纏就沒有辦法灑脫自在。有情世界因父母情愛而來，根性本來重情愛，「愛海亂輕舟，累塵曾未極，心樹豈能籌，情埃何用洗，正水有清流」，要訓練自己在根性上作出調整。

自淨其意

訓練自己成就清淨心，清淨心就像鏡子，如鏡映物，事來則應，事去則無。任何東西都會映現在鏡子，物離開了，鏡子還是鏡子，不會增減。心也要像鏡子，既不執著，也不停留、不分別、不留戀。有事就承擔，不要有事怕事，沒有事就生事，貪瞋癡才不會生起。

〈開經偈〉：「無上甚深微妙法」，無上指無所不在、存在生活中。佛法其實不是那麼深奧難懂，而是佛法愈是甚深、愈是微妙就愈是生活化，不要被文字矇騙。「不立文字」——不能根據文字表面的意思思考，然而仍需要文字，文字般若記載，通透了就不要執著文字。

要瞭解佛法，「願解如來真實意」，如來指自性，遍虛空法界，充滿生活中每一個角落。反過來說，從各個角落回歸自性當中。法就在現前，不用四處尋找，看到眼前的花，要懂得運用，把外緣回歸自性當中。觀想蓮花，感受自己像蓮花，花能開，心也能開；花放光，心也能放光。可以讓自己放光，用關愛眼神看人，眼睛放光；說鼓勵語言，口放光；傾聽別人音聲，耳朵放光；手為人服務，手放光，人間佛教非常強調佛法運用到生活中。

〈淨行品〉一百四十一句偈子就是要大家回到自性，列出模式給大家參考，沒有提到的就靠自己填寫，起觀想，當開手機時怎樣、當機時又怎樣，要懂得套用。當看到外在的城牆境界，轉化為內心力量，當願眾生得堅固的身體，心也一樣，沒有任何折伏不了。城牆保護城內的人，也要保護心，有正知正見。馬路上有欄杆，看到巧妙善用自己的心，發願每一個人都能規規矩矩做人，不要受三毒的汙染。

世相常住

生活、人際關係、大自然環境，乃至於我們的情緒都一直在變化中。要訓練自己有平常心，當境界現前都不算得是什麼。人世間的無常比自然界的無常來得快，翻臉快過翻書，那又如何？對任何東西要理解，不要執著，多說OK少說NO。上品上生的手印是什麼？自己翻書查看。所有壯年人數十年後都會變老年，如夢幻泡影，不是沒有，而是在當下。

《法華經》提出「世間相常住」，一般人以為是把心念永恆的抓住，讓它永遠存在，不是的。插上電源感覺電來了，其實電沒有來，只是導體骨牌效應，互相撞擊，都在原本的地方沒有動，就是世間相常住。又或者投石到水，浮起漣漪，實在水沒有走，只是位置點動了。《法華經》要我們看清楚細微的變化都是常住的。當把常住連結起來，就覺得是動態，其實是錯覺。佛法不宜用意識形態來表達，但一般人不這樣解釋是聽不懂的。要懂「世間相常住」很難，突破意識形態束縛要先有基礎學習。

對境起觀

六根接觸六塵境界時，要對境起觀，借外在環境轉內在，不能只接受、順受。《淨行品》一百四十一則情境是一種行門修行，沒有學會就會跟隨習性、意識形態而行。大家應聽過一則公案，外道向佛陀吐口水，一般人會落入表相思考判斷，氣憤難平，而佛陀看到事物的本質，沒有牽涉情感，因此能夠四平八穩。我們必須學習把心安定，觀察入微，不要把本來要修的福慧變成結怨。

見到不捨或能捨的人也沒有所謂愛憎，不要有分別執著，巧妙善用你的心。遇到不願意布施供養，就順著不捨殊勝功德法發願，「見不捨人，當願眾生，常不捨離，勝功德法」。勝功德法不是人天福報，而是解脫、超越三界的方法，希望不能捨的人永遠捨離三惡道苦。順著情景發願，讓心平衡，不要有分別，了然於心，這需要訓練。有佛法不是無知，而是讓我們覺知。覺知是沒有分別，心知肚明。

僧團的托鉢規矩是七戶人家，如果七家都空鉢就是沒有福報；去到第四、五家時，鉢若已滿還是要繼續，因為不可以剝奪別人種福田的機會。出家不容易，是因為思惟邏輯不是從自己的角度出發，而是要給眾生種福田。空鉢引申到面對事業不順利的時候，表示遇到小人，更要發願，讓心清淨，空無煩惱，不要隨著煩惱走。必須明白瞋恨心一旦起來，所犯的過失影響很大。空鉢應用在生活中使用的器皿，見到空的水杯或碗也可以作意，「若見滿鉢，當願眾生，具足成滿，一切善法」。

隨處作主，立處皆真

聞法的動機很重要，要好好守護當初的一念，清淨不帶其他目的和意識形態，好好種因，緣自然承受。發願在最初的下手處也一定要清淨。以水洗手就是下手的地方。生活中對水有什麼想法？洗手時發願「以水盥掌，當願眾生，得清淨手，受持佛法」，順境來，逆境來，都知道怎麼接招，以正面的態度理解，不抱怨。

發願不只是靠嘴巴，而是靠真正的實行。聞法要糾正自己的動機，以清淨心、菩提心學佛，也發願一切眾生在得聞佛法的最初一念都是以清淨心、菩提心來受持。

無論做什麼事情，都要有「當願眾生」的念頭，把善念提起來，心量就會慢慢擴大，內心世界會愈來愈寬廣。慢慢的往內心轉化，就好像種子種在土地裡，慢慢成長而有所超越。由於我們的生活都和眾生相連在一起，所以要廣結善緣，讓西方極樂淨土就在眼前的當下。

學佛是為了讓觀念改變，佛法難在轉念及會否應用，遇到困難不要停在原地，要找出路。觀念上改變，生命品質也會改變。翻轉是改變的意思，態度和觀念改變，在危急的時候亦能自己作主，因為有堅定的信心和意念。臨濟禪師說：「我能夠隨處作主，然後立處皆真。」只有做自己心靈的主人，才有辦法把黑暗、被動的生活，轉化成光明、主動的生活。

食衣住行，都是修行

《華嚴經．淨行品》的偈頌可以分成食衣住行四大類別：

吃的部分：一般人吃飯的時候，常常都流露貪瞋癡。我們要記住，用餐也是在修行，也有不可思議的功德，要能在吃飯的過程中，不論食物好不好吃，都隨遇而安、用心去吃。

穿的部分：可以從穿衣服中發願，祈願所有眾生都能得到善根，能夠達到究竟成佛的果位。

住的部分：不是只有自己，也可以協助眾生安穩身心究竟安樂。學佛要先讓自己快樂、開心、得到利益，再希望眾生也快樂。自己未能擁有，如何能給人？

行的部分：每個人的人生都走在不同的道路上，不論是在平坦的路上或是起伏不平，我們都可以發心修行；不管外在的境界怎麼變，我們的心是不會改變的；有句話說「心平則路易平」，心如果是平的，走的路即使坎坷不平，感受還是平坦的。

在生活中把使用的物品轉為道用，世俗生活享用這些東西，只要透過心念發願觀想就不同了。喝水就這樣喝，只是解渴；但若能作意、發願、回向，在自己解渴的當下，也願法界一切眾生的心情跟你一樣，透過水得到解渴和歡喜，開展更光明的未來。召感的人事物如果都往善美發展，那麼喝這杯水就有功德、有修行了。拿傘不只是遮擋陽光和雨，也是遮擋煩惱塵垢，保護我們的清淨心。下次打傘時要拿得很開心，發願眾生和自己的心受到保護，沒有染汙造作。佛法要用生命體證，法師講得再好，也要看大家會不會用，用得上才有作用。

〈十修歌〉

要怎樣從日常生活中來修行？我們又如何把當下變成人間淨土？其實很簡單：以信仰來化導群民、以善願來利益眾生，最後以善行來圓滿人間淨土。生活中，藉由各種順逆境界來好好修行。在此以星雲大師編寫的〈十修歌〉作為在家居士生活中修持的準則：

一修人我不計較，
二修彼此不比較，
三修處事有禮貌，
四修見人要微笑，
五修吃虧不要緊，

六修待人要厚道，
七修心內無煩惱，
八修口中多說好，
九修所交皆君子，
十修大家成佛道。
若是人人能十修，
佛國淨土樂逍遙。

佛光山人間佛教與淨土法門

以佛光山人間佛教的理念來看淨土法門，兩者實有相關性。
淨土法門修行強調現世生活安樂，才能創造來世安樂。
人間佛教強調現實生活的圓滿，
人間這期生命都無法善了，談何往生西方極樂世界呢？

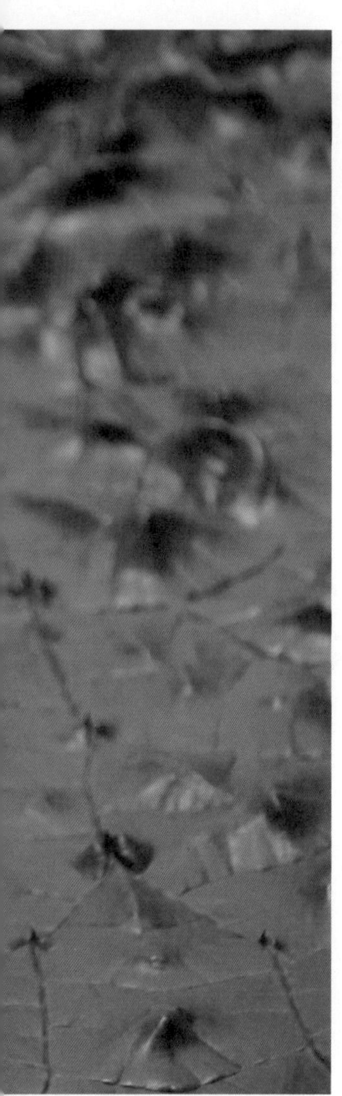

佛教由印度傳來中國，約在西元六世紀末至九世紀中葉的隋唐時期達到鼎盛期，也開展了所謂的大乘八宗。隨著時代演進，各宗派歷經變革，其中淨土法門最能順應時代的發展，流傳也最普及。人們不論認識佛教與否，只要看到出家人，一定會先想到「阿彌陀佛」，佛教徒見面打招呼也互道「阿彌陀佛」問候祝福；傳統的佛教寺院會在圍牆刻上「南無阿彌陀佛」聖號；很多佛教徒的早晚課會念誦《阿彌陀經》及「阿彌陀佛」聖號；各大寺院都設有念佛堂供信眾念誦修持，就像佛光山有淨業林念佛，會打佛七。基本上，淨土法門已融入老百姓的日常生活中，如同星雲大師推動的「人間佛教」是佛說的、人要的、淨化的、善美的，有助增進人生的幸福，淨土法門和人間佛教是一致的。

人間和淨土的使命

人間佛教和淨土行者都負有使命。大家會發現現在的新聞經常都報導暴力事件，不是傷害人就是傷害自己。現代人生活壓力大，對物質享受的需求愈來愈多，但道德良知和約束力逐漸低落，造成人與人之間相處的衝突也增加了。生活情景就好像一個在火爐上烹煮著的壓力鍋，熊熊的爐火如同我們的貪瞋癡煩惱，猛烈的燃燒著我們；而道德良知的淪落就如同鍋子的外壁逐漸被侵蝕，人恍如處在鍋裡沸騰的水，受到的蒸氣壓力愈來愈大，整個鍋爐面臨著爆炸的危險。對於學佛、行佛和念佛的人來說，面對外在的環境，乃至與人相處的問題，以及種種令人感到不安和痛苦的現象都應該有所感受，並且體悟超脫輪迴的可貴，對於眼前的所謂好或不好的人事物會逐漸朝向「放下」的方向，不再執著。「放下」不是「不要」，而是「我承擔、我不拋棄、我不逃避」。

勤修福德因緣

往生西方淨土要有信、願、行，並且如《阿彌陀經》提示，「不可以少善根福德因緣」。工作和讀書也要信、願、行，不然工作做不好，求學也不會順暢。生活中有沒有建立願力？沒有的話，什麼時候才發真切的願？

發願定出目標，人生就有方向，願能引導我們的行為朝往與願相關的方向前進。能夠及早規劃生命的藍圖，也及早找到修行的方法，The early bird catches the worm.（機會是先到者先得）。懷著求生淨土的心願，廣植善根福德因緣，進而改變個人業力與果報，而不會像空中的棉絮，飄到哪裡算哪裡，最後一事無成。由此可見願力很重要，〈佛光四句偈〉：「慈悲喜捨遍法界，惜福結緣利人天，禪淨戒行平等忍，慚愧感恩大願心」，剛開始只是跟著念，但隨年紀增長，感到內涵很深，大願心就是發願行菩薩道，上求佛道，下化眾生。

任何修持都要有福德資糧為基礎，若沒有行善、福德基礎，持什麼咒語都不太容易入心，很難相應，背得很熟但無法真正起作用。若你有修、有德行，自然有威德攝受力；有德有修，到往生者前問訊，你的德行也能成為助緣。因此，真正以西方極樂淨土為目標的人，先要在人世間圓滿，並且以發菩提心作為往生淨土的資糧，不可以缺少落實星雲大師提倡的行三好：「做好事、說好話、存好心」，以及四給：「給人信心、給人歡喜、給人希望、給人方便」，冀望此生達至生命的圓滿。有福報的人想要做什麼都會成就，視乎能否在當下把握、努力。福報不夠也要好好去培植福德因緣，行三好四給正是培養自己的福德因緣和善根。

淨土法門修三福，一者孝養父母，奉事師長，慈心不殺，修十善業。二者受持三皈，具足眾戒，不犯威儀。三者發菩提心，深信因果，讀誦大乘，勸進行者。第一種福修世間福業，是做人的根本，做人條件不具足怎麼可能往生淨土？第二種福是出世間法，修出世間福、二乘福（聲聞、緣覺）。第三種福是修出世間的最上福，也就是大乘不共法。

淨土法門是大乘法門，行菩薩道要有解脫道的基礎，修人天乘只是道前基礎。第一種修人天福，父母有生養之恩，因此要有孝順心。佛教界定下品孝順為四事孝養，供養父母飲食、衣服、臥具、醫藥無缺。中品孝順是光宗耀祖；上品孝順是諭親於道，引導父母敬奉三寶，能超越生死，以修行的力量幫助無量劫父母超脫才是真正的孝道。

蓮池大師〈七筆勾〉就指出，「親得離塵垢，子道方成就」。我當年決定要出家，也是因為感受到母親病痛之苦，但是我沒有辦法幫她承擔。孝順絕對不是用飲食、金錢供養來界定，所謂的大孝，就是讓父母在面對生命的來去時能夠無懼。生我者父母，成我者師長。尊師重道，因為師長有啟蒙之恩。省庵大師〈勸發菩提心文〉有言，如果沒有世間師長就不知道禮義，沒有出世間的師長就不知道佛法，學佛有世間和出世間兩種師長，要報師恩，對佛門中的師長更要用恭敬心，「我慢高山不流法水」，成就清淨心的就是老師，對喚醒你內心的師長要有恭敬心。學佛要盡本分把人做好，不然，世間法沒有做好，怎麼做出世間法？

淨土法門和人間佛教緊密相關

大乘佛法以小乘佛法作基礎，一樣要修苦、空、無常、無我，有這些基礎才不會退失。因此，大乘佛法最開始也要從三乘共法開始，三福有凡夫的福、二乘、大乘的福，可分修或三福一起修。淨土法門的修持除了依阿彌陀佛四十八大願的他力，還須依願起行的自力，以菩提心為前提，將戒、定、慧三學基礎穩固，讓修行力度深化，才能有足夠的止與觀，行六度波羅蜜。另外，依堅定不移的信心，專執持彌陀聖號，心口相應，讓念佛的念頭從心底起，音聲從口裡出，從耳裡入，恆住於心。最後，做到不念而念，就能憑著阿彌陀佛的力量，往生極樂淨土。人間佛教秉承佛陀的本懷，行大乘菩薩道，凡是五戒十善、五乘共法、四無量心、六度四攝、因緣果報、禪淨中道都是人間佛教，八宗兼弘，因此，淨土法門和人間佛教修持緊密相連。

淨土法門不完全靠自力，也要靠佛力加持。面對生命要瞭解自己，不瞭解自己會盲目的活著，不知道自己要的是什麼，要先瞭解自己、認識自己，承認自己善根淺薄，知道不足才知往上提升。要藉由他力，勤加學習，知道歡喜心不夠，要訓練自己給人歡喜，透過「給人」長養善根。

念佛人因念佛而生的定力能調節壓力，懂得反觀自省，不執著欲望，進而能給人幫助，更因阿彌陀佛的他力加持，而能往光明面思考，調伏煩惱，時時正念具足。生活中，以念佛配合呼吸，觀想自身就是阿彌陀佛的化身，當下即能感受極樂淨土的美好。人間佛教強調淨土在人間、淨土在當下。佛陀用我們生活存在的東西作譬喻，如不引用我們所認知的，我們怎樣下手用功？

培植福德資糧才能往生西方，福德福報不是口頭上說修就有，福報減弱時什麼狀況都有，修行出現障礙時，就要看清楚生命要的是什麼。以菩薩道實踐人生的最高價值和意義。淨土行者很積極樂觀，星雲大師就是勤奮弘法利生的典範，一個人做五個人的工作，高齡九十一還每天書寫三百張一筆字，早已超過「人生三百歲」。福德因緣很重要，大家能坐在這裡安穩上課，要感受自己是很有福報的人。肯定自己有福報，更要好好用功，不要等業障現前時不知如何是好。

人成即佛成

西方極樂世界殊勝，凡夫得要有非常好的環境來學習。香港的父母為了孩子能贏在起跑點，孩子在肚子裡時，父母已經盤算不惜一切要孩子入讀名校。我常見到道場的信徒為了孩子忙昏頭，為什麼要這麼在意？因為要慎重選擇優質的學習環境，對孩子的未來幸福非常重要。而一般人的心是有所住的，住在五欲六塵裡；去到西方淨土時，外在塵境很殊勝微妙，有情無情都在演說佛法，念佛、念法、念僧，在學習上有很好的加持效果。

釋迦牟尼佛在《阿彌陀經》以「極樂國土，眾生生者，皆是阿鞞跋致，其中多有一生補處」，勸導眾生應當發願往生極樂世界，西方淨土的眾生都是不退轉，必定成佛，大前提是不可以自私，自私去不到西方極樂世界，一定要發菩提心。發菩提心的人，一樣要修人道的福報，把人做好。人成即佛成，如果人的資格都不夠，如何成佛？淨土法門離不開人間佛教，都是要在做人的基礎上修解脫道、發菩提心，直至成佛，「仰止唯佛陀，完成在人格，人成即佛成，是名真現實」。

認識易行道

往生西方淨土，不是有去無回，還是要乘願再來，普度眾生。佛菩薩都是乘願而來，絕不會虛度任何一天。同樣的，當我們做好自己的生命規劃時，就不會過一天算一天，只要能以願導行，就不會妄想憑運氣成就功德。古德有說：「一朝無常到，方知夢裡人；萬般帶不去，唯有業隨身。」當無常到來時，金錢財寶、事業、親人的恩愛都帶不走，只有念佛持戒的功德，還有平常所修的種種福德可以帶走，如果沒有發願往生，只能隨業受報、輪迴生死。

佛法修持的方法很多，而念佛是最簡易、最方便也最穩當的方法。因為對一般人來說，佛經太多又太深奧，除了沒有時間閱讀之外，也不易看懂，更無法深入瞭解。就以佛教經典當中最短的一部《心經》來說，它的重點是「空性」。然而，所謂般若「真空妙有」的道理看似簡單，其實非常有深度，初學者很容易誤解「空」，認為「空」是沒有、一切不存在。其實佛所說的「空」是在表達眼前所現的一切，包括人的身體等等，都是因緣而生、因緣而滅。因此，人會有生、老、病、死；物質有成、住、壞、空的過程。

人不可能永遠年輕不變，我們每天的每個念頭、每個細胞都隨時在變化，只要我們清楚真空妙有的意涵，就不會因為改變而難過，受限於眼前當下的境界。換言之，淨土的持名念佛雖是易行道，卻仍是依經典而行，絕非盲修瞎練能成，有六個修持念佛法門重點供大家參考：一、自我反省，面對修行。二、用願導航，規劃生命。三、依願起行。四、執持名號。五、調伏煩惱。六、自力與他力。

修持淨土的行者要發大菩提心來稱阿彌陀佛名號，才能相應。修持淨土法門應具備三心：至誠心、深心、回向心。要有至誠心，了生死而求生極樂淨土，不是為

求名求利，不是為自己得好處。深心是真實的信心，要先相信有西方極樂世界，對阿彌陀佛攝受眾生的四十八大願不懷疑，有不變的信心，要常練習專心一意稱念彌陀聖號，要熟練與阿彌陀佛相契，訓練我們正念正受，熟能生巧就能大有受用。回向心是把所修一切功德資糧發願回向往生西方，希望一切有情眾生皆能往生淨土。

每一天會更好

過去祖師大德說：「諸經所讚，盡在彌陀。」由於阿彌陀佛與娑婆眾生特別有緣，因此以慈悲哀憫眾生的心成就了淨土，更以淨土接引十方法界的一切眾生，十方諸佛都出廣長舌相，為阿彌陀佛做代言人。另一方面，西方淨土，「諸上善人，俱會一處」，有很好的人際關係。人間佛教強調「給人」的精神和廣結善緣，「歡喜」是佛光山的最大資產。總括而言，淨土法門和人間佛教都是要成就和諧無諍的世界，極力促進「自心和悅、家庭和順、人我和敬、社會和諧、世界和平」五和的理念。

我們皈依三寶做佛教徒，要以什麼心來面對人生呢？就是《華嚴經》上的這一句：「應觀法界性，一切唯心造」，因為外在世界是內心世界所變現出來的。過去心中善念，造成了這世安樂的果報，惡念則有痛苦的果報；如果今生妄念，又將創造來生的果報，相續不斷。清楚明白什麼是自己要的、什麼是不要的；什麼該做的，什麼不該做的，做自己生命的主人，每一天都美好。

念佛是為了維持我們的正念；佛是覺醒的，覺醒是正面的意思，念佛能夠維持覺醒與正面，心就可以清清楚楚、平靜下來。如果我們每一天都很清楚，人生的最後一天就會很清楚。

信就是信阿彌陀佛嗎？不是，是要先對自己生起信心，我們如果對於自己沒有信心，對自己都不愛的話，怎麼會對阿彌陀佛有信心？接著我們要有一個生命的目標，做什麼事都要有目標，才能夠讓生活圓滿。不過就算懂得再多，如果不實行的話，還是屬於妄想。有目標、有實踐，生命最後畫上圓滿的句號，而不會是問號，更不會是驚歎號。當我們有幸身處在美好的因緣組合時，我們一定要善解身邊每一個人，要把握因緣、珍惜當下，每一天都會是最美好的。

戒定慧、信願行

「破迷開悟、離苦得樂」，是佛說一切經典的目的；
而佛度化眾生最重要的手段與方法就是淨土法門。
《佛說觀無量壽佛經》是淨土宗講理論最多、最圓滿的一部經典，
教導我們透過觀想、觀相，憶念佛陀功德，
不斷以淨土的依正莊嚴來熏習內心，
讓我們把貪戀娑婆的心，轉到憶念淨土的功德莊嚴上。

不只是知道，而是要證道（之一）

——《佛說觀無量壽經》

淨土法門中有欣厭兩個法門——「厭離痛苦、欣求安樂」，
娑婆世界考驗很多，所以我們才會厭離娑婆，欣羨極樂。
厭離有時被誤解為討厭，其實是超越的意思；
超越自己的困難，才能往想去的地方。
《佛說觀無量壽經》強調思想的改變，來自對淨土熱切想去的心。
透過十六觀加深瞭解淨土殊勝的環境，用以熏習內心，
先把眼前的娑婆世界轉變為極樂淨土，藉相修心，開顯自性功德，
當心中出現極樂世界的相狀，也就開顯了真如本性。

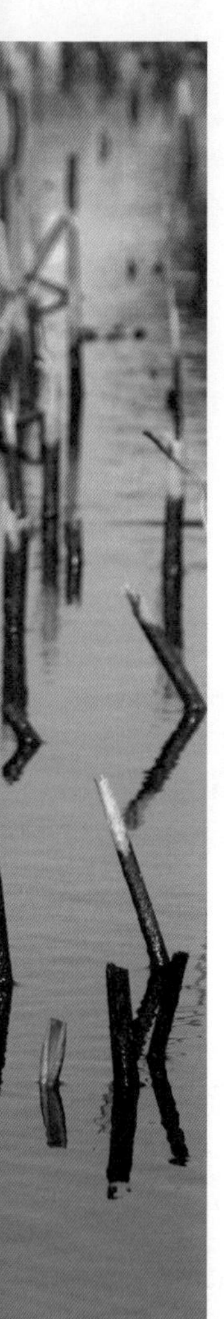

人的一生會經歷很多改變，身體的變化是最明顯的。一般人比較不能接受青春消逝，但我們應該思考，當面對生命中種種好與不好的事物時，要學習如何以生命的歷練，轉化成光明的一面。人生本來就有苦的一面，所謂「求不得、怨憎會、愛別離、老病死」，能不能從痛苦中找到妥善的方法，讓我們在發生問題的當下還能過得開心自在？佛教的各種修持法中，能夠簡單、清楚、愉快的面對問題的方法就是淨土法門，它同時還能幫我們瞭解自己生命的方向是什麼，讓我們活得更勇敢，自己當家作主。

在淨土法門的修持中，行者常會說：「希望能夠離開痛苦煩惱的娑婆世間。」我們修淨土法門後，常嚮往要到極樂淨土，開始厭離娑婆。這種「厭離」不應該是因為討厭而想離開，也絕不是放棄，而是超越，讓我們能在好的事物當中不執著，在不好的事物當中，也不會沉溺在痛苦的境界裡。

般若智慧能讓我們看清楚「色受想行識」原來都只是因緣的和合，如果我們能依照佛陀教導我們的方法，看清楚每一種現象的實相，自然能度一切苦厄而心無罣礙，無罣礙故，無有恐怖，遠離顛倒夢想，得究竟涅槃。

《觀無量壽經》的十六觀

淨土思想源自淨土三經：《無量壽經》、《觀無量壽經》、《佛說阿彌陀經》。《阿彌陀經》偏重第十八願「念佛往生願」；《觀無量壽經》偏重第十九願「聖眾來迎願」，兩願兼修，持名為正行，觀想為助行，培養皈依極樂淨土的心，堅拒妄想。

《觀無量壽經》敘述往生西方極樂世界的十六種觀想方法：

一、日觀：觀想日落西方。

二、水觀：觀想水形成冰和琉璃地。

三、地想觀：觀想大地如極樂國土。

四、寶樹觀：觀想七重行樹、花葉，如同摩尼珠一般，映現千光萬明。

五、寶池觀：觀想黃金為渠，如意珠王湧現金色微妙光明。

六、寶樓觀：觀想五百億寶樓林立。

七、華座觀：觀想眾寶蓮華八萬四千光、寶幔和金剛臺有五百億微妙寶珠映飾。

八、像觀：觀想佛之三十二相八十隨形好，如閻浮檀金色坐寶華上。

九、真身（佛身）觀：觀想無量壽佛身高六十萬億那由他恆河沙由旬，放百千萬億夜摩天閻浮檀金色。

十、觀音觀：觀想觀世音菩薩身如紫金色，項有圓光，手臂亦有八十億微妙光明。

十一、勢至觀：觀想菩薩名無邊光，以智慧光普照一切。

十二、普觀：觀想自身生於極樂世界，於蓮花中結跏趺坐，蓮花開時，有五百色光照著自己。

十三、雜想觀：觀想阿彌陀佛變化自在、或大或小，皆真金色。

十四、上輩觀：觀想上品根器者往生時，西方三聖放大光明。

十五、中輩觀：觀想中品根器者臨命終時，阿彌陀佛與諸聖眾放金色光至行者前。

十六、下輩觀：觀想下品根器者臨命終時，有善知識為說妙法，阿彌陀佛及金蓮華現在其前。

《觀無量壽經》緣起

《觀無量壽經》又稱為《十六觀經》，簡稱《觀經》，緣起於皇家悲劇。

王舍城阿闍世太子還未出生之前，就跟父親頻婆娑羅王結下怨結。當初頻婆娑羅王婚後向眾神求子，占卜師預言他有香火繼後，是一位正在山林中修行的仙人，但三年後才會轉生為太子。頻婆娑羅王求子成狂，馬上派人去山林殺仙人。仙人死前發毒誓，投生當太子後要復仇。及後，皇后韋提希夫人誕下太子阿闍世。

頻婆娑羅王找占卜師為太子算命。占卜師告知頻婆娑羅王，阿闍世太子未來會殺害父親。頻婆娑羅王心中害怕，於是把兒子從樓閣摔下去。太子大難不死，只斷了小拇指。頻婆娑羅王清醒後很慚愧，發心要把兒子好好撫養。

阿闍世太子長大後，結交損友提婆達多。提婆達多這一世又是佛陀的逆增上緣，出了家不修正法而修神通。提婆達多求阿難尊者教他神通，阿難一時心軟而傳授他，結果提婆達多學了神通後更加驕傲，甚至以為自己可以取代佛陀。提婆達多更以神通取信於阿闍世太子，告訴太子手指頭折斷的因緣。

阿闍世太子知道後對父親十分怨恨，於是把頻婆娑羅王幽禁，打算餓死父親。父子的仇隙甚至牽連到太子對母后的怨恨，韋提希夫人心灰意冷，向佛陀請求，希望佛陀幫助她到達一個完全沒有苦惱的地方，佛為夫人說法，因而有了《觀經》的十六觀。

苦是人間實相

《觀經》緣起的故事很值得我們警惕，五濁惡世，苦是實相。韋提希夫人即使貴為皇后，有沒有享受很大的安樂果報？頻婆娑羅王一心求子，生了兒子後卻差點被兒子餓死，快樂的果報中隱藏了很多痛苦。

然而，若遇上生命的困境，透過經文緣起能感受苦且產生增上作用，面對生命困苦時，就不要停留在悲傷苦痛中，而要視逆境挫折為轉機或增上因緣，在苦中圖強，不要白白受苦，仗緣去生起另一個讓你提升向上的機會。

試想，若沒有深刻的痛苦體驗，能否有強大的動力超越和提升？有善根的人，在痛苦中可以啟發道心；頻婆娑羅王因為有善根，在痛苦中激發修行的決心，終於超越痛苦，修成阿那含果。

《觀經》緣起於世間違逆的因緣。世間任何一件事都有因果關係，大錯鑄成了就必須承受惡果；果報是既成的，但過程中我們用什麼心態去面對，卻是自己可以決定的。生命的力量往往來自違逆的境界，但多少人能把苦當作增上緣？沒有逆境挫折，又怎麼知道自己的忍辱功夫高達什麼程度？

學佛，觀念要清楚

瞭解因果業報關係的人，即使只是說一句話，都很謹慎，不敢任意亂說，因為說話也是一種發願。當我們發願學佛、成為佛弟子，一定要明白，學佛是為了什

麼？觀念釐清了，自然而然慢慢趨向覺醒。

十惡業、十善業中，身、口、意的「口」業就占了四項：不妄語、不惡口、不兩舌、不綺語，由此可見口業的重要。口業不容易修，愈不容易修的就愈容易毀犯，我們應明白口業的重要性。

不妄語，就是不講虛妄失實的話，善意的妄語則不在限制之內。不惡口是不說罵人或讓人傷心的話。不兩舌意指不搬弄是非、不挑撥離間。不綺語是不花言巧語、不說令人想入非非的話。

學佛後，偶爾糊塗一下有沒有關係？不是說難得糊塗嗎？事實上，學佛之後，糊塗時亦比其他人還要清楚。學佛之後可不可以責罵人？可以！但是責罵人要有條件，要清楚明白在罵什麼人？罵什麼話？如果罵了對方會成長，就可以罵；如果對方被罵之後，往不好的方向去，那就不可以罵了；而且罵了人後，我們的心還是很平靜，不會臉紅脖子粗，如果沒有辦法保持儀態，我們就不能罵人。

學佛是要令生命提升、讓自己更自由，透過學佛和受戒讓家庭生活圓滿，現證法喜安樂、永斷煩惱、遠離無明。度家人要善巧，你學了佛，要讓他們感到你更體貼、慈愛、關心他們；要把家裡打掃乾淨，讓丈夫或妻子沒有罣礙。到菜市場買了菜，調煮過程中，要懂得念佛、觀想，發願讓眾生有淨土因緣，觀想家人因你美好的心意而有歡喜心、吃了飯菜能心開意解。想讓家人感受到學佛的美好，就要以身作則，先把自己整理好。

修淨土的人，有時會讓人覺得是消極、悲觀、自私的，如果給人這種印象，那就是錯的。淨土行者不只是一句佛號念到底，也不是熟讀一部《阿彌陀經》或《觀經》而已。要理解淨土思想的根本，重要的是意涵如何連貫。要在觀念態度上醞釀出法義，不只是文字上的理解就可以。修學佛法不是「知道」就好，而是要「證道」，光是累積更多的所知障，沒有證道，對學佛的幫助不大。

我們讀誦經典之餘，還得依方法來修持。「深信因果，讀誦大乘」，透過經典的歷史去感受法義。但經典流傳幾千年，想要完全理解真的很不容易。《觀經》的緣起，並不只是佛陀為韋提希夫人個人的開示而已，而是為所有眾生宣說的，韋提希夫人只是當機眾。佛陀讚歎韋提希夫人知苦求法，講經之後叮嚀阿難受持宣說，目的是讓未來眾生都知道如何修持。

就像星雲大師亦常對大眾開示，有學生聽完之後，卻表示心中仍有煩惱。大師知道後，對他說：「我剛剛才跟你講過的呀！」學生卻回應：「您沒有對我講，您是對大眾講的。」但大眾是誰呀？就像我們參加法會時讀經，不是念給佛菩薩聽的，而是我們念給自己聽的。

用在當下，藉相修心

佛法要用在當下，藉境修心。修行要藉外相，但不能執著，適當時候就要把相拿掉。藉莊嚴佛像啟發皈依佛的心、對佛皈敬的心啟發面對生命的信心，讓願力提升。一心歸命極樂世界阿彌陀佛，觀想西方淨土的正報依報莊嚴，熏習心性。內心有西方淨土的種子，每天灌溉施肥就會開花結果。心性本來清淨，也要藉外境因緣來顯發，以持名為正行，以觀想為助行，培養皈依的心，堅持抗拒妄想。

極樂世界的正報和依報，因為從來沒有見過，很多人想像不出來，因此要透過形相，把西方極樂世界的依報深入八識田中。我們受到根深柢固的意識形態框住，凡事都有對立、分別，因而起惑、造業、受苦。當我們觀想極樂淨土的正報依報莊嚴，目的是淨除業障、未來能生諸佛前，讓心正定、思惟正受。常練習正面思考，就會對正面思考熟練，反之亦然。思惟不同，感受也會不同。

佛陀用作夢比喻人生。好比一個人，一個晚上作了五個夢，夢境一個接一個，只是把業力顯現出來而已，事實上生命沒有結果。當第一個夢結束，第二個夢顯現，一直連結下去，人生其實沒有開始和結果，只有過程而已。

雖然來無所從、去無所至，但不能空掉過程，要把過程當作假觀。「因緣和合，虛妄有生。因緣別離，虛妄名滅」，今生有因緣可讓你積功累德、創造未來。若能把人生過去和未來空掉，就容易放下當下的執著，懂得活在當下、把握當下，就能發起菩提心，因為你知道人生最後是沒有結果，每個人都是從空性而來，業力成熟就會顯現。若是現在生活平順，也只是業力還沒有顯現而已。業力釋放完就會回到空性，下個業力顯現再從空性而來，人生沒有結果，只有過程，生命中如何積功累德？「讀誦大乘，勸進行者」，都是自利利他的布施。

放下執著，就能成就清淨心；但如何放？有智慧就能放下執著，但怎樣才是有智慧？沒有煩惱就是有智慧，那智慧從哪裡來？智慧從讀誦大乘而來。讀懂經典、多聞佛法，是開智慧的秘訣。參加法會也是好方法，但很多人都只著重在儀式的參與，不懂藉由儀式轉化觀念。

智者大師曾表示，如果能成就觀想十六觀，就能摧毀過去惡業、成就清淨心。我們誦經時，經文像鏡子，把身語意三業透過鏡子照清楚，就能明白哪裡該調整。多聞佛法能成就智慧，把功德回向給未來能往生西方淨土。所以佛陀開導韋提希夫人及未來一切眾生，觀想西方淨土的種種微妙境相，透過觀想西方極樂世界感應佛力。觀想在於心態，觀想極樂世界的相狀，能帶動你跟阿彌陀佛感應道交。

不只是知道，而是要證道（之二）

——《佛說觀無量壽經》

我們要把心安置在哪裡？要安置在西方極樂世界的依報莊嚴裡，

想往生西方，要先跟極樂淨土結緣，把心統合，專心觀想西方極樂世界。

觀想分為假想觀和真實觀，剛開始是假想，假想進入後就是如實觀。

心是真實的，一念心性必能具足極樂世界的功德，

觀想是假的，但阿彌陀佛的本願功德是真實的，

能念的心是不可思議的，所念的佛也是不可思議。

《觀經》裡的十六觀，前三觀分別為日想觀、水想觀與地想觀。日想觀由佛陀親自命名，其方法如下：觀想西方日落，直至閉目、開目皆有落日歷歷在目。為何讓眾生特別觀想西下之落日呢？是為了讓眾生識別彌陀佛國的方向。

但西方就代表極樂世界嗎？當然不是，日落表示一天的終止，又象徵人生之終止，觀照的目的是讓我們瞭解「苦、空、無常、無我」之道理。當我們的心接觸落日，落日的光芒使我們聯想佛之相好光明及極樂國土的美麗莊嚴，當下加強往生淨土的意念。而透過觀落日的假相，可進一步感受到西方淨土的功德，讓我們有所依循，按照佛陀教導的方向前進，總有一天能看到真實相，與阿彌陀佛面對面接心。

觀想分為假想觀和真實觀，剛開始一定是假想，假想進入後就是如實觀。心是真實的，一念心性必能具足極樂世界的功德，觀想是假的，但阿彌陀佛的本願功德是真實的。能念的心是不可思議的，所念的佛也是不可思議。

觀想是依照佛陀開示的次第觀想。每一觀最後的經文都說，如果能按照方法觀想就是正觀，不然就是邪觀。假想觀是依靠娑婆世界所看得到的東西，如落日、水、土地等，來引發真觀。專心都攝六根，把念頭提起來，就能把心安住在固定所緣處，制心一處，無事不辦。

初觀落日，定位心念

我們要把心安置在哪裡？要安置在西方極樂世界的依報莊嚴裡，想往生西方，要先跟極樂淨土結緣。日觀能讓我們把心統合、專注，專心觀想西方極樂世界，把心繫念在落日，讓心堅定不動。

初觀成功，後面的觀想都容易成就。修行本來就是強調成就清淨心，平時妄念紛飛，怎麼去轉化？我們先鎖定所觀的境界，把落日的記憶保存起來，用心感受，在心中顯現，專想不移。讓那落日如掛在空中的懸鼓，讓我們得到柔和的光明，把光明相從內心觀想出來，初觀就成功了。

古時的鼓都是紅色的，天臺智者大師教導我們，落日就如懸空的鼓，在西方標示出來，讓淨土行者把心送到極樂世界。凡夫的心很散亂，像沒有指南針的船，無法安全到達目的地。日觀被喻為指南針，幫我們把心送到西方。當我們坐在清淨的室內，結跏趺坐，正坐向西，眼觀心想，安住在日落西山的太陽，專心觀想成功，就能看到如掛在大殿的大鼓。

修行日觀，前方便是實地觀落日。正對西方，看到快落山的太陽是紅色的，光線不強，不刺眼；先看一回，再閉眼想一想；想不出來，再開眼看一下，一直到閉眼、開眼都能看到紅紅的落日，離地平線五尺或一尺。在室內打坐時，房子裡沒有太陽，先閉眼觀想太陽，再打開眼睛；再閉眼、再開眼……修到不管閉眼、開眼，都能看到狀如懸鼓的落日，日想觀就修成了。

修日觀是為了觀想西方極樂世界，是寶地觀的前方便。心可以做得到的，從能力所及的下手。從觀日開始，日觀成就，就是十六觀的初觀開始。

西方落日，如懸鼓破除我執。我執重怎麼往生淨土？去西方淨土不是身體去，我們要先看清楚肉體，破除我執。透過觀落日的光明，雜七雜八的境界不會出現，引發第八識的印象，提起往生的正念，讓落日的光明跟識田的光明相應，順著落日直接往生西方。好好持名念佛再兼修落日觀，把落日光明緊記於心，讓所思所想都趨向光明的，遠離黑暗。

明朝楚石琦禪師著有〈西齋淨土詩〉演繹初觀：

第一觀門名日觀，遙觀落日向西懸，
光明了了同金鼓，輪相團團掛碧天。
身去身來心不昧，眼舒眼合意常緣，

眾生與佛無差別，即見彌陀現我前。

我們可以每天用十分鐘，在睡覺前觀想落日。睡前先靜坐，念佛片刻，再修觀。落日觀能保持幾分鐘就很不錯了，觀想後念佛幾聲，再回向，睡時隨意默念。每天修持不間斷，臨終一定會很安然。修行用功不需要貪多，還未往生前，訓練幾年，心會很輕安，對道業有很大幫助。心中有軌跡，死亡來臨前，都有機會調整，視乎平時內心的狀態。

觀察西方極樂的依報正報莊嚴，以正確的想像去帶動行蘊，利用美好想像創造美好行蘊，變成強烈願望。所謂想久成思，三好、四給、五和，都是以正確想像帶動行蘊，依正確想像產生願力，以願導行，翻轉生命。

唯識百法，因緣共通

唯識學認為生命是想像力創造出來的，創造了今生也創造了來生。今生是怎麼來的？是因為前生的念頭創造了今生。前生經常生布施的想法，這期生命就會得富貴果報。前生經常生慳貪妄想，這期生命就貧窮。前生別人刺激你，你能常忍辱，今生就得莊嚴果報。

因有前生很多的想像，才形成今生果報；今生也在進行你的來生，所以我們必須在死亡來到時，重新改造想法，告訴自己接下來要去的地方是淨土，這期生命是最後一生，我們只是娑婆世界的過客，過客有什麼好放不下的？我們真正要去的地方是淨土，去到淨土，才能讓下期生命有能力回來娑婆世界，幫忙苦難眾生。

生命是我們的妄想所牽引，色受想行識，想蘊的影響最大。佛陀遇上境界會怎麼想？我們要學習佛陀的思考模式。天臺宗指出，想成就佛的種性，思考模式就不能雜染，不然會跟三惡道相應。思考模式是偏空出離的，所以要改變想像、改變種性，才能改變結果。十六觀其實只有十三觀，要把跟娑婆世界感應的力量，改變為跟極樂世界感應道交。一開始是假想，藉假修真，假想修久了，極樂世界的真實相會在定中出現。

觀的意義和目的是轉邪為正、轉悲傷為喜樂、轉識成智。唯識百法，心所法共有五十一種區別，各有不同的作用，經過分析，能感受到心不是想像中的實在，心是剎那剎那的心念所組成的，正如人體是一個一個的細胞組成。五十一種心所差別，生滅因緣都一樣。心所法最重要是善法和煩惱法，都有共通的過程。

「五遍行」：觸、作意、受、想、思，是所有心理作用的共同過程，心念的生起，大多以這五種心理作用為前導。瞭解心的作用產生的過程，就能分析各種心態產生的因緣。醫學上能分析身體由細胞構成，瞭解不同組織組成不同器官、不同器官組成不同系統、不同系統組成不同個體，於是就能醫治疾病。佛法也一樣，能分析瞭解心識是由不同心念構成的不同心態，不同心態結合不同性格，不同性格構成不同人生。

佛法能醫治煩惱、解脫自在。不論善心、惡心，都是從「觸」開始，從感官接觸外境開始。念佛耳根要接觸聲音、意根要接觸法塵，才能產生某些意義。同樣的，耳根聽到阿彌陀佛的聲塵，也會依個人意根不同產生不同意義，有人聽到只覺得單調無聊，有些人會引發破我執的心。

在大殿裡，同樣參與法會，有人專注在唱的部分、有人專注禮拜，注意力不同，引發不同意義、作用和效果，並且因應不同的情緒，產生各種狀態。有人會被散亂、昏沉牽引；有人接觸自己喜歡或尊敬的人，注意力就很敏感，念念都集中在某君的身上。不同注意力引發不同的感受、情緒；從不同感受引發不同的想，不同的想法做出不同的意志決定。因此，不管行善法或惡法，過程都是觸、作意、受、想、思。有些剎那就過去、有些停留較久，從什麼地方出現分歧點？在受前面有觸、作意兩種心所，提醒我們要小心保持光明的觸發，保持不要被無明、愛結所繫縛遮蓋。

基因改造

欲愛如繩子，會把我們束縛，無明欲愛都是讓我們不得解脫的原因。在觸、作意的階段，若無法讓因緣停止，到受、想、思時，力量就變得很強，不太容易對治。

打佛七時，第一天可能心念很散亂，第三天後，注意力慢慢微細，心開始像顯微鏡，把剎那心念分析清楚，瞭解無常無我，從無常無我進一步瞭解因緣生、因緣滅。

因緣生滅，誰在生起？誰在消滅？人體從單細胞開始分裂；而人體的每一部分，分析到最後都只是單一細胞，從細胞的角度來看，人和其他任何生物沒有很大差別。

基因工程打破不同種類生物的基因轉移。蜘蛛細胞移植到山羊身上，羊奶會產生蜘蛛絲的蛋白質、韌纖維。物種之間若可以打破種種分別，就能得大用處。醫學上來講，過去無法治療的癌症，現在就找出可以醫治的辦法。然而無始劫以來累積的無明、愛結如何醫治？那些生生世世無法脫逃的內心疾病，除非找出問題根本，把煩惱基因改變過來才能治療。不把煩惱基因改變，內心的疾病會生生世世無法超脫。

學佛就是在找煩惱的問題點，煩惱出現時要把它看清楚，不用逃，也逃不了，不把心念切得細微，就無法治療。癌細胞本來是正常的細胞，因不正常分裂才變成癌細胞。心也一樣，不平衡的作用變得巨大，無法控制了，就會傷害自己和別人。

以「五遍行——觸、作意、受、想、思」來觀想，可調整心情和想法，比如日想觀：從「觸」觀日，必須有觀日經驗，登山或海邊觀落日，體驗輕鬆感覺。夕陽無限好，晚霞讓你輕鬆開闊，心中做光明想，就不會想不開，沒有光明想就看不出希望。

「作意」：把心安放在落日的光明，代表積極，看出面對生命的希望，活得有信心。「受」：是感受落日的溫暖、安詳、自在，如小鳥傍晚要飛回家的感覺，很安然。「想」：就是要想起極樂世界阿彌陀佛的功德，無量光、無量壽，無條件的幫助眾生。經典中，佛陀時時教誨我們理解人際關係，我們也要堅強、樂觀地在現實中快樂生活。「思」：就是思惟行菩薩道，實踐人生的價值和意義。

以上是以唯識學的「五遍行」觀想落日的方法，跟生活連結，透過佛法轉移心境。

都市人生活工作壓力大，若有時間去戶外走走，看山看水看日落，就有放鬆的感覺，一天結束之際，也有所作已辦的輕鬆。日常更要自我提示：「我很喜悅」，讓太陽光溫暖你的心，把身體的疾病、生活的障礙、不安、悔恨，一一化除掉。作落日觀想時，心情是對夕陽微笑，而不只是面向西方看著太陽。真正修日想觀時，其實是在室內，從靜坐當中修。但概念不夠強時，前方便就是先到戶外接觸。但是修不來時也不必罣礙，因為西方極樂世界是一句佛號乃至十句都能去的淨土，不會因為不能觀就不能去。

不只是知道，而是要證道（之三）

——《佛說觀無量壽經》

娑婆世界令人厭離，但我們卻不能提不起精神，或討厭一切，那會讓心往下沉。

《觀經》從智慧觀照下手，透過觀想改變想法。

學佛要先瞭解一切是苦，才能真正想超越和學習，有想學的動力，瞭解一切皆空，

對眼前的好壞，能清楚明白是緣生緣滅，一切都是無常。

日觀成就才能進入水觀。水觀又作水想觀、水相觀。先觀水之澄清，次起冰想，見冰之映徹，而作琉璃想，觀想極樂國土之琉璃地的內外映徹。

娑婆世界容易看到水，透過假觀漸進引出真觀。為何想水？水是什麼相？水面最平，引申眾生平等。從水觀再引出寶地觀，觀清淨澄明的水能清洗業障。觀落日取光明相，水觀則是取清淨柔軟相，不管外境有沒有水，心中要出現水的想像。

如何想像？

一、見水澄清，把水的澄、清兩種相狀觀想出來。澄是沉靜不動，代表寂靜；清是清澈見底，代表無染。心作水想，再觀想水變成冰。

二、水原是寂靜、柔軟的，慢慢把水堅定起來，變成冰。冰也是寂靜清澈的，從柔軟的水變固態的冰，表示轉柔軟為堅定。

三、再把冰變成琉璃。因為冰還是脆弱的，再變成不可破壞的琉璃。從柔軟變堅固，最後成不可破壞的狀態。

四、轉琉璃為大地。拿一盤水來觀，數量有限；水變冰、變琉璃，擴大到整個大地都成琉璃地。要觀大地，不是觀水，但得先有前方便，以水的特質，如菩薩的柔軟慈悲心，轉化為堅定願力。學佛後看待世間深度廣度不同，最初看山是山，看水是水；再來看山不是山，看水不是水；最後，看山仍是山，看水仍是水。

萬事起頭難，但不要怕難

不管如何費力，都要觀想出來，讓心聽你的招呼。萬事起頭難，但不要怕難，有用功就會成功。剛開始用功時，最難調伏兩個心理，一是掉舉，即妄想、東想西想，跟道法不相應；二是昏沉，即打瞌睡。不再掉舉之後，很容易昏沉，但昏沉比掉舉更可怕，一坐就睡著，坐香時間結束馬上就醒了，這正是養無明，愈養愈大。起初是打坐昏沉，慢慢連看經念佛拜佛也會昏沉。有句警語說：「腿子痛不算病，腿子不痛要老命。」

過去出家人初學用功，一定要到叢林參學，在叢林中用功比較不容易昏沉，因為有師長督導、有同參道友輔助，依眾靠眾。進入禪堂禪修時，監香法師會在禪堂拿香板監視大眾有沒有打瞌睡，有的話，就走到那人旁邊用香板打下去。打響而不是打痛，打得響，讓他提高警覺，同時也能打一警百。

念佛堂當值的法師也會拿巡香幡，止靜後，當值法師站在堂中監視大家用功，誰昏沉了就走過去用巡香幡在那人臉上打一下、拂一下，讓初學者不要走錯路，不要走昏沉掉舉的路。觀想時若能專心，就能對治掉舉昏沉。

娑婆世界令人厭離，但我們卻不能提不起精神，或討厭一切，那會讓心往下沉，消極厭世。所謂「情不重、不生娑婆」，有情眾生都會起貪執愛欲。唯識學裡提到「遍計所執性」，就是遇到什麼就執著什麼，那是障礙。《觀經》是從智慧觀照下手，透過觀想改變想法。學佛要先瞭解一切是苦，才能真正想超越和學習，有想學的動力，進一步瞭解一切皆空，對眼前的好壞，能清楚明白是緣生緣滅，一切沒有絕對，都是無常。

極樂世界思食得食，思衣得衣。我們在娑婆世界買了一個寶物，看久了會厭倦，就再去買下一個；極樂世界的寶物會作不同變化，發出不同的光明，有自在力。娑婆世界的寶物會讓我們生貪念、起煩惱、造罪、墮落，再寶貴的東西，一開始很喜歡，但得到後不多久就想換了。一切都是無常，那我們要追求什麼？

我們要讓生命更提升，活得更自在安然，不要找牽絆。面對生命，要知道輕重、要全力以赴，萬法不離一念心，往生西方的眾生也必須要用心力成就，一念唯心造，真心才能顯現。

若只有持名念佛，沒有通達教理，就無法斷見思惑。一個人若執意要六道輪迴，佛也拉不動的，甚至一百尊佛菩薩來接引，他不去也沒辦法。我們平時就要把心訓練安定，顯現清淨光明，在臨終時，心就會顯現光明。心水若不清淨，顛倒妄想，佛來也看不到。

唯識《百法明門論》中提到，人的心理狀態有五十一種心所法，有六種根本煩惱，大隨煩惱有八種，中隨煩惱有兩種，小隨煩惱有十種。先賢大德將一百零八種煩惱歸為二十六種，善心所才十一個，不善的比善的多很多。《地藏經》更指出，閻浮眾生，若遇惡緣，念念增長，勉強為善，也不持久。娑婆世界多不善聚，要如何提升？想把三惡道狀況逆轉過來，關鍵在我們的心。要常生戒定慧，遇痛苦要先轉變我們的心。

回心轉意，念悟即佛

我經常提示大家要往內看。其實外在境界本身並沒有錯，只因我們的執著才成為障礙。所謂回頭是岸，要回哪裡去？先把心從向外攀緣回過來向內。回過頭來，在能知的心上下功夫，心清淨、滿足了，才是真正的快樂。

情緒的變化是表面的，那根源來自哪裡？因為心不滿足，向外攀緣，若結果不如你期待的，就會不開心。煩惱痛苦都是因為心不滿足，沒有降伏自心。

每個人都有一個不滿足的心、貪著的心，暗示自己往外攀緣。一切問題根源都是心的不滿足，但遇上災難，我們往往責怪外在的人或事。其實一切都是因緣所生法，外在環境的成住壞空，心不能一直跟隨。我們要審查自己，瞭解所有問題都不在外，而是心迷惑了，外在才會成為障礙。心滿足，一切都圓滿。

大家皈依受戒時，會念到星雲大師教導的「我是佛」這一句。念時應該要體會自己就是佛，佛看任何境界都是圓滿的。地藏菩薩成佛了沒？地藏菩薩的心是完美

的，只是他誓願在地獄教化眾生而已，他的心早已成佛。

保持歡喜心的人就是智者。成佛工作坊在哪裡？就在內心。學佛不是學外在、表面的東西，而是透過外在的方便法來調心。《六祖壇經》有說，「何其自性，本自清淨」，透過佛法的學習，讓我們瞭解如何消除苦難心念。三惡道從哪來？自己召感來的，心不停起貪瞋癡，貪則召感餓鬼道業力；瞋則召感地獄道業力；癡則召感畜生道業力。要把召感的苦難心念轉過來，聖凡就在轉念之間，前念迷即凡夫，後念悟即佛，透過十六觀建立正確思惟方式。

西方極樂世界，只是一個表法。禪宗指出：「狂心若歇，歇即菩提」。不管極樂世界有多遠，其實都是在我們的內心，不生不滅。我們習慣二分法，遇到事情不是善就是惡，不是左就是右；其實清淨覺性當下顯現時，當下就是西方極樂世界。娑婆世界離西方極樂世界遠不遠？事相上來說很遙遠，但要知道去此不遠是從理觀的。修學目的如果是往生西方極樂世界，要先分辨清楚西方極樂世界在哪裡；修行要用理觀帶動事修，西方極樂世界本來就存在我們心中，我們的修行是修心地法門。不管能不能修得成功，都要依經文讀誦，熟能生巧。

次第修行、循序漸進

修行的過程中，咒語或經典的學習是有次第的：

一、口誦流利（每天誦讀）。二、記憶純熟。三、逐句瞭解。四、依法而修（生活中體證）。五、生活如意。六、隨意往生。

依經文常讀誦，熏習阿賴耶識，臨命終時，寶地現前也能往生。凡夫心粗境細，觀想難成；就算不能做到，但常讀誦經文，透過經文描述，淨業種子也會起現前。熏習很重要，多做好事、說好話、存好心，就是熏習。

每天念三皈依文，把佛的功德引到心裡。觀想西方極樂世界淨土莊嚴，讓依報功德進入身口意，在心裡運作，達到滅惡生善。要把佛陀功德引到心中，必須依佛陀所教導修學的次第，從三福開始做起，依次第觀想。行菩薩道也要有解脫道的基礎，「良由眾生根性不一，致使如來巧說不同」。佛陀開示了很多自力修行的法門，應機說法。自力法門中，佛陀用融通的方法來說法，沒有標準答案。他力法門中，感應道交，規矩就很多。西方依報、正報莊嚴，開顯善根、滅除重罪。「托彼依正，顯我心性」，所以觀想的次第要很清楚。

《觀經》與阿彌陀佛相應法，必須依次第而修，否則是邪觀。日想觀、水想觀是假觀，地想觀後才是真觀，要精進學習。精進在生活中很好運用，方法是忘掉煩惱，只剩下要做的目標。保留時間充實自己，不只修行，也要運動；在逼迫的社會環境中也要有娛樂，讓自己有抒壓的管道。精進培養豪氣，不是自大，而是像佛陀的大雄、大力、大慈悲，對自己有鼓勵的作用。星雲大師教導徒眾：「不要老是要我打氣，你們要學習自己保住氣。」就在教導我們要提起工作價值，發現生活樂趣。

不只是知道，而是要證道（之四）

——《佛說觀無量壽經》

十六觀的學習，讓我們藉經文引用在現實生活。

真的觀出來，就有功德利益。寶地觀，若觀成功，能滅八萬億劫生死重罪；無法觀想時，亦可多讀誦。修十六觀來轉妄想、妄念，作為往生淨土的因緣；沒有能觀、所觀，而是一心中起觀，「寶樹是我心，我心即寶樹」，成就一心無分別智，進而顯發根本智。

學佛，就是學習在生命中超越，作出改變。如果學佛不能超越原本的生命，為何要學佛？如同法會沒有改變的力量，辦來做什麼？所以我們要在法會儀式中超越，要在面對生命的態度中，看清楚自己的問題，慢慢修正。

學佛是心性的調整，要證道，而不只是知道；要面對自己的習氣和貪瞋癡。我們若習慣負面思考，要光明想很難；如果累積太多負面思考，學佛要改變就不容易了。我們要學習觀照自己的起心動念、觀察語言，瞭解為何會生氣難過，原因在哪？是得失心太重？還是真的其他人有問題？但其他人也有他們的立場和角度，大家所看到的畫面不同，但其實看的是同一件事物。凡事不要太認真，但不是隨便，而是要守中道；也不要不順己意時，就感到不開心。

想要修行精進，並不是什麼活動、法會都去參加；往往去參加了，沒有吸收該吸收的，或還是執著自我的理解，那就不是精進，因為沒有在心性上提升。

行菩薩道亦是不容易，若沒有解脫道的基礎更不容易。要能保持歡喜心，能量才充足。歡喜有哪幾種？充實的歡喜、恬淡的歡喜、自在的歡喜、慈悲的歡喜、布施的歡喜；還有因聽聞佛法、禮佛、念佛、持咒過程中體證而歡喜。時刻保持歡喜心，精神力和能量會很足夠；快樂不是追求來的，而是在煩惱中放下而來的，快樂更是從痛苦中走出來。

一個人一輩子如果只局限於家庭和工作的範圍，很少接觸人群，心也很容易局限在框架裡。看得不多，心不容易開；看多了，心就開。能捨掉內心執著才能自由。捨，等於不執著，捨，讓我們不停留，讓我們有勇氣面對現實；捨，不被煩惱、障礙綑綁；捨並不是丟掉，把時間、能力捨在正當用途就是布施。捨，讓我們能負責任去幫助人；捨是把時間用在生活上，不是用在物質享受。能捨就能把煩惱化為智慧，煩惱時誦《心經》中的「色不異空，空不異色；色即是空，空即是色」，樂和悲都能適可而止。

沒有覺醒的捨，會執著在捨當中，進而否定生命。捨從消極面來說，變成通通都沒有，力量會提不起來。捨，不能捨錯對象，不能捨給壞人，要幫助真正需要的人，並要把貪瞋癡慢疑捨掉。

寶地觀

寶地觀在生活上的運用，就是當我們行走在大地上時，要感受是走在七寶地，讓心力提起，在生命歷程中好好實踐七覺支。大地蘊藏萬物，我們要體會自己跟大地同在一起，跟大地同步，像大地一樣蘊含一切、包容一切。面對眼前的生活，雖然是踩在娑婆大地，但我們要試著去想像我們已經接觸淨土大地，把我們的有限生命，作一個圓滿善了。

當我們心情安定平靜時，才能感受極樂世界的美好想法，且打從內心去思考阿彌陀佛的四十八大願。寶地觀引申在生活中感受安穩平和，觀大地取琉璃地的清淨，離一切相，代表菩薩清淨沒有雜染。落日的光明代表智慧、大地的平穩代表悲願，大願地藏王菩薩就是最具代表性的一位。

寶樹觀

寶樹觀，即觀想極樂淨土有七重行樹，一一樹皆高八千由旬，諸樹具足七寶花葉，一一花葉皆顯異寶之色。又一一樹上有七重網，而一一網間有五百億妙花宮殿，猶如梵王宮。

經文有次第，先觀樹幹、小枝、樹葉、花果，從粗到細。寶池、樓閣配合環境需要，有七重行樹。觀想大相狀後觀高度，先取一個單位，以一重為小單位，一共七重，就是七重行樹。極樂世界的樹不只七重，單位取太大，很多人觀不來，以七作為極限，作一小片段再放大，遍滿極樂世界。

十六觀的第四觀是寶樹觀，寶樹莊嚴，不是凡夫心所及的。雖無法觀想，但可多讀誦。佛法重在多聞熏習，熟能生巧，練習光明想，心很安定，就會跟安定熟識。雖然難修，但正觀是要修的，邪觀不能修。用十六觀來轉妄想、妄念，作為往生淨土的因緣，沒有能觀所觀，而是一心中起觀。寶樹是我心，我心即寶樹，成就一心無分別智，顯發根本。

觀照、照寂，學習修行就是想成就清淨心。照而常寂，照見真如自性在起妙用。眼看得清楚、耳根聽得清楚，六根都清晰明了，內心才能不取不捨。六祖大師有說：各種境界中，心不染就是無念，在一切法中不取不捨就是見性成佛。身心清淨、一塵不染等於寂，有分別就不能平靜。

照而常寂，寂而恆照，就能成就清淨法身。要常觀照自己，為何活得不自在？是有人綁住你還是心不滿足？「至道無難，唯嫌揀擇；但莫憎愛，洞然明白」。遍計所執性，若遇到什麼執著什麼，即使聽到法也會執著。「愚學增生死，智學證涅槃」，學佛法若沒有理解，容易造惡業過失。

每天念經、念十萬句佛號，就是修學佛法嗎？要看他的心念是什麼。

四個人同樣念《心經》，第一位發心為今生今世，於是造了下次再來人間的業，這不是佛法，是輪迴心。第二位希望來生不墮三惡道，輕現世、重後世。第三位希望解脫，超脫六道輪迴。第四位發菩提心，回向法界眾生，希望所有眾生得成就、得解脫。「狂心一歇即菩提」，常寂光明代表智慧，性德本自具足，無須外得。

寶樹觀中看到十方國土，提示我們生命能量不要浪費，不要再濫用能量，生命的力氣要放在刀口上。修寶樹觀，明白色即是空，空即是色，色法種種莊嚴都是自性變現。

色即是空是對凡夫說的；空即是色是對二乘說的；「色即是空，空即是色」則是對菩薩說。凡夫眾生放不下執著，病後始知身是苦，健時都為他人忙。沒有佛法，沒開智慧的人，每天都在製造過失，一旦無常至，方知萬般帶不走，唯有業隨身。

空即是色，對二乘說。聲聞緣覺執著空，偏空涅槃，我空法有，執著空就是有。了脫了分段生死，但有變異生死，雖不落六道輪迴，但因執著空的法見未除，還是有變異生死。

色即是空，空即是色，對菩薩來說，色空是一體的，相是性，性就是相，山河大地一切顯現都是色相。透過修寶樹觀，對寶樹的理解都是自性顯現，念而無念，沒有能念的心，沒有所念的佛，沒有執著的心，所有的二元對立已消融。

功德莊嚴，啟發菩提心

《往生論》提到，如果不發菩提心來憶佛、沒有上求佛道、下化眾生的廣大心量；沒有願作佛心、願度眾生的心，只為了求西方極樂世界沒有痛苦而去，是無法往生淨土的，因為只是追求快樂而已。只追求快樂不會跟諸天相應，沒有發菩提心，就像本來是摩尼寶珠，後來變成一顆糖果；本來是無量功德，但變成業果。有漏的快樂果報帶著貪欲煩惱，受完快樂果報到娑婆，還是會墮入三惡道。

佛力不可思議，常可見到對往生者助念，他們的面相由蒼白轉為紅潤。從我們內心去仔細感受佛力光明，把有漏的業感，變為法界緣起。藉相修心，心態很重要，有佛力加庇，才有莊嚴功德。但看到莊嚴相，沒有啟動菩提心的話，莊嚴相都會變成天界的有漏果報。

極樂世界有很多寶樹等等功德，都是外相功德，真正的莊嚴是清淨心和平等心的莊嚴淨土。讀誦《觀經》，會發現透過觀想，明白一切唯心造，視乎心要造出地獄還是極樂世界。極樂世界也是阿彌陀佛創造出來的，佛光山建造的佛陀紀念館，有莊嚴的佛光大佛，法相光明讓大家心生歡喜，館內的設備都在引導大家提起正念，佛陀紀念館本身就是無憂惱處的極樂世界。佛館是自然形成的嗎？佛館是星雲大師帶領大家創建出來的，大師和大眾的心，共同打造出人間一片淨土。

華座觀

華座觀，乃《觀無量壽經》所說十六觀法之第七觀，又作華座想。即觀想阿彌陀佛蓮華座之莊嚴相。經文云：「於七寶地上作蓮花想，令其蓮花一一葉作百寶色。有八萬四千脈，猶如天畫，一一脈有八萬四千光，了了分明，皆令得見……」

華座觀，不是凡夫心能思議的，但道理要明白，不明白就多讀誦。凡夫觀佛像，先從觀蓮華座開始，文殊菩薩代表智慧，座騎是獅子，獅子吼，調伏一切妄想。普賢菩薩的座騎是六牙白象，菩薩因功德不同而有不同座騎。

華座觀就是要觀想佛的莊嚴，想見佛先作蓮華座的觀想。

像觀

身為佛教徒，共同的目標就是成就佛一切功德。透過心中的想像，創造佛的功德。面對生命時，所想的往往是顛倒妄想，未學佛時，習慣用生命累積的想像去貪

求五蘊，於是累積不好的業。佛陀出世時，因為知道眾生的問題，所以在《法華經》中指出，眾生因執著有相狀，所以用有形相狀讓他去攀緣。佛陀依眾生習性，用眾生的思考模式，安立很多相狀，讓我們有方法進入佛法。

相狀是為了讓我們走向解脫，但只是一個方便。為何有這麼多法會或懺會？因為要透過這個方式去進入法義。布施也是方法，但不能執於「我在布施」，要三輪體空。大乘不二法，起惑造業的是誰？是我們自己的想像才會有起惑造業。創造淨土功德莊嚴也是要靠想像，透過佛陀的教導，才能如理如法的想像出來，怎麼想像才能成就諸佛正遍知海？從粗到細，有一定的次第。

從落日觀到寶樓觀，依報莊嚴，有三個次第，先講三個基礎想像。落日觀，想像光明、溫和、柔軟。水觀，澄清的水，清澈，啟發我們清淨和調柔，讓心沒有雜質。琉璃地充滿七黃金，放光，變現蓮華臺，顯現種種莊嚴相。從以上三種基礎想像得到光明想、清淨想、莊嚴想。

在基礎下進入依報重點：寶樹，樓閣，蓮華。寶樹，生命跟樹有關係，樹能調解溫度、淨化空氣，對人類有很大幫助。八相成道，其中四

個相都跟樹有關：佛在無憂樹出生；在菩提樹下降魔、成道；在娑羅雙樹下涅槃。

寶樓觀是觀各種環境上，包括地上、樹上、空中等各種樓閣的莊嚴。蓮華受生的環境是從蓮華化生，不是在汙泥中，而是在八功德水中，是如意珠王流出的水，漂在流動的水中，一邊流動，一邊說法，相狀莊嚴，還有內在功德，攝受於極樂世界的寶樹、樓閣、蓮華等依報莊嚴，而內在產生種種功德。

當念無常

去年我從香港回臺灣，到佛光大學授課，飛機降落前有雷暴雨，機身震動得很厲害，坐在後面的人開始嘔吐。第一次下降沒有成功，飛機抖動很嚴重，要再上升，但再遇氣流，機身上下左右晃動，當下我有大限臨頭的感覺，心裡感到很難過，想著，如果就這樣走掉，很對不起父母、學生、信徒，於是眼淚掉下來。但回心一想，不能打妄想，要提起正念，我開始念觀世音菩薩聖號，要讓機上二百多人安全回家。

於是我把心安住下來，觀想觀世音菩薩穩定正副駕駛機長的心；觀想氣流變小，用光明引導。然而，第二次降落跟第一次一樣糟糕，我繼續持觀音聖號。終於，機長廣播宣布，因為兩次下降不成功，決定改飛高雄機場。

後來我跟學生和信徒分享這個經驗，當一個人面對大限臨頭、臨終之前，最罣礙的就會浮現出來。我當下覺得愧對父母、學生和信徒之外，還有這期生命的不夠圓滿、對人不夠好、對事沒處理好……。

逃過大難之後，我發願往後要以更慈愛、柔軟的心面對一切，到真正臨終時，面對此生才沒有遺憾。一個人若有必死的決心，臨終時就不會害怕。大家要建立自己生命的價值意義，訓練自己每天處於臨終的狀態，才會活得很清楚，不會有遺憾。所以我們要透過《觀經》課程因緣，很清楚的如實觀想、如實體證，對佛菩薩的信心才會更堅定。

行解並重

學佛不能只有行門修持，還要聽經聞法，提升想像。沒有解門，生命很難進一步擴展，光靠功課調伏煩惱，就像石頭壓草，問題並沒有解決。「諸佛正遍知海，從心想生」，心到底要想什麼？透過佛陀的引導，讓我們做出正確的想像，才能滅惡生善。感應佛的本願，都是想像的方法，明白了，就不會覺得觀想的困難，重點是用什麼心態觀想佛陀教導的方法。

一心繫念觀想阿彌陀佛的莊嚴，藉佛安立的相去修真，慢慢把煩惱調伏。觀想成功，你的心就是佛的心，佛的智慧就能顯現出來，你就是佛。

念佛持咒的道理也一樣，佛光明加持時，你的光明也能散發出去，到虛空集成寶雲蓋。心裡光明的人，散發的是吉祥平安。修持有一點功夫後，基本行持就是發光器，走到哪都散發光明，所到之處都是光明、吉祥，持續光明狀態，臨終必然在光明狀態。

是心是佛，是心作佛

大師曾開示過銅製的佛像與大磬的故事。夜深人靜時，大磬不滿的對銅佛像抗議：「我們都是銅造，為何你受千萬人供養，我卻受人錘打？」佛像回應：「不要生氣，我有今天，是因為我經歷了千錘百鍊的鑄造，過程中忍受了很多苦。」

把心變成佛心，佛的智慧就能顯現出來。是心是佛，是心作佛；心是佛，你就是佛，具有三十二相、八十隨形好。佛滅度前，《法華經》中提到佛為何出世，如何說法？諸佛實相無法用語言說清楚，真理離開語言，說了就錯，佛陀怎麼說？只能用慢慢引導的，開方便門。佛陀說真如是清淨本然，周遍法界，學習過程即使帶妄修真，藉佛安立的相去修，就能真實慢慢把煩惱調伏，最後把相也捨離，就進入真如。

真身觀、觀音觀、勢至觀

真身觀，真身指阿彌陀佛，是最重要的觀想。念佛的四種方法是實相、觀想、觀像、持名。念佛不是老人家的專利，在繁忙的都市生活中，念佛可讓心安定下來。念佛不妨礙工作，不受時間、空間的控制。任何時間都可以念佛修持，念佛是各種修持法門中最方便的法門。

先觀娑婆世界看到的木雕塑畫的像，觀佛坐在華座上。因為佛的法身、報身境界高，凡夫觀想不起來，可從應化身下手。沒看過阿彌陀佛的，先找木雕或塑畫的佛像，觀想時，閉眼開眼看，都能見到莊嚴佛像在眼前，全身紫金色光，端坐蓮華臺上，當佛像在心中愈來愈清楚顯現出來時，內心的智慧眼就開了，業障就破除了，也就能了了分明。

依報莊嚴難觀，先把一尊佛像觀起來，旁邊有很多樓閣莊嚴，阿彌陀佛的相若觀成功，再觀佛的左邊蓮華座。左邊蓮華座上是觀世音菩薩，低一點，金色；再觀想大勢至菩薩坐在阿彌陀佛右邊的蓮華座。阿彌陀佛、觀世音菩薩、大勢至菩薩皆放光明。

從靜態變動態，觀想佛菩薩身相都有金光，所放的光明遍照寶樹，每棵寶樹又產生三朵蓮華，每朵蓮華各有一佛二菩薩，遍滿彼國。佛像代表我們的心態，藉相修心，對三尊佛菩薩也要有不同認知。供一尊，一心真如；供三尊，空假中三觀，數字都有它的表法，不可思議的微妙。每棵寶樹都有西方三聖在說法，在西方極樂世界聞法很容易，諸上善人聚會一處，有情無情都在說法，難怪都不退轉，隨時隨地得佛菩薩教導。娑婆世界則不值佛世，難聞佛法，惡友牽纏，群魔擾亂，塵緣障道，佛道難成。

是心作佛，重在觀想念佛。前十三觀修得好的話，就能淨除業障，狀態已經是在極樂世界，統攝上品上生。想得來世利益，把眼前善行透過回向發願，往生西方要靠阿彌陀佛救度，透過努力，具備三福行基礎，佛力加持，常懺悔，往清淨方向而行，業障淨除，在不知不覺中就能成就。

三業清淨，聖道相應

要與阿彌陀佛感應道交，心必須專注，
每一句佛號都要回到心中與心相應。
聲音不離四大色法，念佛透過聲音體會四大無常、苦空無我，
建立正見和正思惟，
相信自己和所有的眾生都具有佛性，發揮慈悲與智慧的潛能，
對極樂世界生起信願心，並將信願心付諸行動。

持守保任，當下淨土

——《阿彌陀經》的內涵法義

要怎麼從日常生活中讓自己活在彌陀淨土裡，
讓自己現世的生活很自在、很快樂，
這是我們學佛最首要的重點。
透過對《阿彌陀經》的理解、佛號的念誦，
我們的心會處在清淨的狀態，面對生命，就會擁有慈愛光明的精神。

《阿彌陀經》雖只有一千八百五十字，卻是佛門相當重要的經典，因此寺院的課誦項目有所謂的「早觀音、晚彌陀」，過去的祖師大德對《阿彌陀經》也有相當多的注解。日常生活中，如果我們能運用《阿彌陀經》的法義，就能自在安穩；透過對《阿彌陀經》的理解、佛號的念誦，我們的心會處在清淨的狀態，面對生命，會擁有慈愛光明的精神。

雖然我們學佛的終極目標是成佛，但一旦成佛之後，只會在極樂國土裡翹腳納涼嗎？不！一樣繼續行化、教化、度化眾生。釋迦牟尼佛也是修行在人間、成道在人間。佛陀成道之後說法四十九年，到處行遊教化，因此我們看到的佛像有不同的造型。每一種佛像都在表法：站立的佛像代表行化；坐著的佛像代表說法或禪定；臥佛代表涅槃寂靜、清淨圓滿、安然自在。無論佛像的造型是站著也好、坐著也好、臥著也好，利益眾生的心是不變的。

信心和願望

《阿彌陀經》提到往生三資糧：信願行。阿彌陀佛過去世曾經是法藏比丘，發了四十八大願普度眾生，經無量劫修行，以行山願海及無量功德成就西方極樂世界。所謂的「高高山頂立，深深海底行」，就是行願深廣。佛法強調因果，如是因、如是果，西方淨土莊嚴無比，是因為法藏比丘發了大願，累劫修功德而成就的。往生西方「不可以少善根福德因緣」，善根是什麼？以大乘佛法來說，善根就是信心跟願望，發願行菩薩道。

我願無窮，眾生平等

阿彌陀佛以大願力、依菩提心和空正見成就西方淨土，可見願力很重要。很多人認為，不一定要有宗教信仰才可以行善，平日有捐錢也是在做善事，因此覺得皈依受戒不是那麼重要。他們不明白行善是有層次的，有皈依持戒和沒有皈依持戒的人行善是不一樣的，誓願力起了關鍵的作用，同樣一件事情，做的心態不同，結果也就不一樣。

要發願與眾生共成佛道，受戒更要發願廣度一切眾生。因此，佛教徒布施沒有特定的對象。佛教強調無相布施，宗教師有深廣的願力。佛光山對其他宗教也有贊助，創辦的大學資助栽培其他宗教的教徒成材，完全沒有要求他們回饋或改變宗教信仰。我也有提醒信徒和義工，遇到不同宗教的臨終者，不要要求對方改變原來的宗教信仰，讓臨終者沒有遺憾離世才是最重要。

一般人行善不會想到施者、受者、施物的三輪體空，做善事會視乎所緣的對象和時空、甚至利益的條件，即是有選擇性，例如：在菜市場看到被販賣的動物很可憐，一時起了惻隱之心，買來放生。把動物買來放生是一時的善業，在特定的時空起的善心，甚至沒有智慧，隨意把動物放生在不適合生存的環境，實際是將動物放死。也有人是放生某類動物，但不放過吃另一類的動物。

動物也有不同的根器，不少貓狗就有兩、三歲小孩的智商，懂得聽主人招呼，深得主人的寵愛；牛也特別有靈性，很多牛在被屠宰前會掉淚，只是人類恃強凌弱，用種種殘忍的方法宰殺動物，以為弱肉強食天經地義。吃肉的人會理直氣壯認為，家禽本來就是養給人吃的，所以烹飪專家會精心研究及教大家挑選動物哪一個部位最好吃、醫生會勸導病人多吃點什麼肉，以吸收足夠的鐵質、鈣質和其他雜質。

有充分的營養就不會死嗎？體質弱就不得善終嗎？假如有一天，有更高靈性的生物要吃我們的肉以滋養色身，我們情何以堪？不過正如星雲大師指導，飲食是一種習慣，皈依受戒不一定要吃素；因為佛教認為吃素主要是長養慈悲心，而不是以吃素來作為規範，讓人誤以為不吃素就不可以進入佛門。阿彌陀佛並沒有限制罪大

惡極的人不可以進入他的清淨國土，阿彌陀佛的法門三根普被，眾生只要信願行，都可以進入清淨國最高學府，不同於世間的名牌大學，只錄取優質生。大師之所以是大師，就是因為有高度的智慧，佛法圓融，深懂人情世故，清楚普門大開的真正意義。

何故名為極樂

《阿彌陀經》有云：「無有眾苦，但受諸樂，故名極樂」，意指極樂世界沒有任何苦難，也沒有不好聽的音聲、沒有不好的人、沒有痛苦的事情，所有的感受都只有快樂，並且超越我們認識的世間快樂。「極樂」世界的快樂是「絕對的快樂」，快樂的利益不會改變，因為阿彌陀佛無量光、無量壽，幫助眾生的光明力量也是無量，不會因為時空不同而有所改變。

我們能感知快樂幸福是因為有相對的悲傷困苦。事實上，很多人是因為先有逆境和痛苦的經驗，然後懂得在苦中轉化，化悲憤為力量，讓苦變為逆增上緣，才會感恩快樂。要體驗苦樂相對也很簡單，我們只要餓自己一、兩餐飯，稍微感受挨餓的苦，就會知道有飯吃是多麼的幸福。

佛陀指出，這個世間是娑婆世界、五濁惡世，惡世意思是不善、很不好的世界。假如大家感到生活過得很快樂、很美滿，那是因為只看到眼前的事物很順暢，而沒有看到另外有很多人生活在貧窮線之下，過得非常艱苦，天災人禍又不斷，目前一切美好的事情都在改變中。我們要能懂得苦樂，也要能懂得轉苦為樂，用平常心面對順境和逆境，勇於承擔。我就常鼓勵信徒，「順境修福德，逆境修功德」。

經典也有說，我們身處的世界是有漏的世界。既然這個世間有漏、有缺陷，就不會圓滿，追求十全十美的人生徒增苦惱。如果能有這種認知，再加上理解各種出現的境界對我們來說都是一種考驗、都是我們進入淨土的功課，讓我們有所提升，那麼面對生命，我們就可以更積極、更圓融待人處事，並且珍惜每個一期一會的因緣。

極樂淨土的環境

娑婆世界的一切是從兩種業報形成的，這兩種業報叫「依報」和「正報」。「依報」是我們依存的人事，包括居住的地方、親朋好友、社會環境等；「正報」則是我們本身的長相、身高、個性、氣質。

阿彌陀佛的正報可以從〈讚佛偈〉內容想像，「阿彌陀佛身金色，相好光明無等倫。白毫宛轉五須彌，紺目澄清四大海」。偈文敘述阿彌陀佛的身相莊嚴，他的依報指的就是西方極樂世界裡「七重欄楯，七重羅網，七重行樹，皆是四寶周匝圍繞」，還有七寶樓閣、黃金鋪地、八功德水、天散妙花、眾鳥說法等，整個環境莊嚴無比；而我們身處的娑婆世界充斥著不愉快、難受的事情、很多事物隨時變異，大自然環境及氣候越來越差，政治經濟鬥爭層出不窮。

我們有業力是因為我們把生命的重點放在財、色、名、食、睡「五欲」之上，被我們的眼耳鼻舌身意所接觸到的色聲香味觸法困住了，因此失去快樂和安定的心。因此，我們要來好好思考，《阿彌陀經》描述西方極樂世界光明美好環境的特質，以及帶給我們的啟示。無量金色光明遍滿極樂世界，處處千變萬化，有情無情都在說法，淨土眾生聽聞後會念佛、念法、念僧。奇異現象、現金剛臺、真珠網，遍布極樂國土。為了利益極樂世界眾生和為了讓眾生發起道心，阿彌陀佛也隨眾生的心意變現種種佛事，讓眾生發菩提心、行菩薩道。更有「諸善上人，俱會一處」，近距離觀察大家的學習進度，作出適時的指導。

八功德水的特質

西方極樂世界的「八功德水」，不是八個水池，而是有澄淨、清冷、甘美、潤澤、輕軟、安和、除飢渴、長養善根八種特質，如同在生命歷程中，透過八正道修行。極樂淨土的音聲，不管是水聲、風聲都是為眾生說法，讓眾生能堅定道心，不會有因緣讓眾生偏離正軌。《阿彌陀經》提到種種的莊嚴，不管何種狀態，都能帶動大家提起正念。「溪聲盡是廣長舌，山色無非清淨身」，善用其心，能否讓平日聽到的水聲、鳥聲、風聲也在跟我們說法，啟發我們的正念？

八功德水隨淨土眾生的狀況而調整溫度、顏色、光明。接觸光明、顏色後可產生堅定的善根。看到燈亮有否感覺產生善根？燈也是在說法，不懂得把佛法引申在生活事物中的人會覺得不可能，因為未能跳脫出固有的意識形態，以為必須眼見為實，沒有親眼見過就不能相信。他們忘記了一般人只有凡夫的「肉眼」，不知道二千五百多年前人類還沒有發明顯微鏡之前，佛陀就已經觀察到水中有微生物。

八功德水有「常樂我淨」四種功德。常是成就佛果；樂是究竟涅槃；我是自在無礙；淨是不增不減、萬德具足。喝了八功德水，可以長養我們諸善根。但我們還沒有到西方極樂淨土之前，面對世間的水，只要能夠懂得轉化，也能長養我們善根。學佛就是要學「轉」，能夠轉就能夠超越眼前的框架、意識形態。

下雨時，我們思考水能滋潤大地，如星雲大師所說：「整場雨下來，幾乎就是洗滌我們每一個人內心的無明煩惱和罣礙，甚至清除我們和人相處之間的糾葛、疑惑，隨著水的洗滌，我們的心都會清淨了。」

我們看事情，不要只停留在外在的事相，因為生命是不斷變化的。從極樂淨土的八功德水，我們要更加懂得珍惜水資源和保護大自然環境。喝茶的時候要發願：「我願意把我喝這口茶的功德回向給十方法界一切眾生，希望他們的心能與我現在的心一樣歡喜自在，也透過歡喜回向，讓歡喜心擴大，利益更多的人。」回向的意涵是「回小向大、回事向理、回因向果」，心有多大，回向就有多大，回向沒有對錯，只有大小。

七菩提分、八正道分

《阿彌陀經》裡的「七菩提分、八正道分」經文，提醒我們用正念生活，要我們透過佛號的誦念感受大地廣大包容萬物，用美好的心態面對一切就是一個善美的供養。

以普賢十大願的「隨喜功德」為例，某富豪過去生修行得很好，很有福報，不但住豪宅，也有很多人服侍他。服侍他的工人，住的和吃的都和富豪一樣。雖然這些工人過去世沒有像富豪「廣修供養」而得大福報，但因曾經修了「隨喜功德」，自己沒有做功德，但見別人做了，他很開心的讚歎，所以今世儘管是個工人，也能跟老闆功德等同，享受同樣的福報。

看到有人護持正法或做好事的時候，我們真的要打從內心讚歎。懂得轉換，光用一個歡喜的念頭，功德都能跟對方一樣。極樂淨土的清淨，就是所謂的不染，「淨」就是不被煩惱、名利汙染，如果我們面對生活能夠安寧，也擁有慈愛眾生的心，就能夠轉化痛苦、轉化擔憂、轉化執著，就能讓自己還沒到西方極樂淨土之前，當下就活在極樂淨土。

晝夜六時，出和雅音

《阿彌陀經》裡提到水、鳥都在說法，這種鳥不是三惡道的鳥，而是阿彌陀佛教化眾生而變現出來的。想像阿彌陀佛說法時，我們要很恭敬坐著聽，也許感到很約束；若飛來一隻鳥說法，可能會很輕鬆愉快、很自在。阿彌陀佛體諒、瞭解眾生

的心性，也讓大家有平等心，對鳥生恭敬心，以及生慚愧心：「鳥都會說法了！」鳥是有情說法，水流、風吹是無情說法。我們在生活中要以正念面對各種音聲，用正念來聽「晝夜六時，出和雅音」這些正法。當我們提起正念，當下看到的人事物，都是佛祖、阿彌陀佛或菩薩的化身來對我們說法，當下我們看到的任何境界，都是佛的法身示現。

說到提起正念，我們會想到念佛。不過過去修行人持名念佛不是只念佛而已，原始佛教所說的「念」，是要念佛、念法、念僧、念施、念天，乃至於念戒。現代化的修行，只要能夠轉化，讓自己在生活中修行，至少在面對生活時，可以透過正確的念頭、好的態度，在面對各種音聲時，都能存在於一種安穩自在的狀態。

如果不懂得「轉」，聽到某些音聲，說不定還覺得對方是在罵我們。然而別人罵我們的音聲，真的就是在罵「我」嗎？別人跟我們講的話，其實是對方內心的一種投射而已。

世間的語言和音聲真的是千變萬化，我們必須謹言慎行，讓我們的每一個動作、每一句話乃至於每一個念頭展現出來時，就像佛在說法一樣。

極樂淨土那邊生活的眾生也都不斷在學習，他們要用正念來聽聞音聲，阿彌陀佛透過小鳥、樹木來演唱四念住、四正勤、四神足、五根、五力、七菩提分、八正道分這三十七道品。

業報都是因為過去所種的因，現在顯現出來了；如果我們能展現清淨無為的快樂心境，當然未來所感受到的、所呈現出來的，一定都是安樂的。

萬物皆法器

《阿彌陀經》裡說萬物皆法器。法器，就是堪受納取佛法的容器。我們要能自問：「我是不是一個好法器？」表示在佛法的學習上，能省思自己是不是能納受佛法的人。

「正念」之後，再談「念定」。我們要觀察娑婆世間與極樂淨土的不同之處，透過我們的轉換，把當下的穢土變成淨土，即透過正定的學習，從「定」裡面開發出智慧。

總結而言，修行要從戒、定、慧「三學」來學習，「戒」就是規矩，做人規規矩矩，起心動念都是正面，心自然安「定」，頭腦因此清明，面對、處理事情就能四平八穩。

透過戒定慧的學習，親近善知識、行三好，當下就是極樂淨土，就看我們如何作意。娑婆世界多不善聚，要如何提升？把三惡道狀況轉過來，關鍵在我們的心。常生戒定慧，遇痛苦要轉變我們的心。「戒定慧生佛出世，貪瞋癡起佛滅度」。自我期許在這一期生命裡參與法身事業，讓每個舉止、每句話、每個念頭都像佛一樣說法。一心不亂，就能安寧、慈悲與安穩；專注於學業或工作；一心不亂，必定有所成就。

無量光、無量壽

阿彌陀佛的意涵是無量光無量壽。無量光就是無盡的光源，意味以正確的念頭引導眾生的身口意三業作為使命，引導我們的生命邁向美好與光明。無量壽意即以智慧慈愛感動他人，在行住坐臥中都能自在；無量的意思是沒有障礙，透過自己正確的語言、行為，讓自己的生命放光。

星雲大師曾開示：「我們要學習佛菩薩一樣放光，眼睛可以放光，用關愛的眼神來看人，用慈眉善目來看人；嘴巴可以放光，說好話就能放光；耳朵可以放光，要懂得聆聽，甚至要善聽還要諦聽，但是要聽對，不要亂聽。」

無量光無量壽告訴我們的至理是：「本質」不生不滅，生生世世都是光明，不

斷的連續光亮，永遠不會消失。

以信願行資糧，出生極樂國土

我們平常念阿彌陀佛的聖號，就是在灌溉加強內心意識的善良種子。念佛不能有口無心，應該要有準備，而一心不亂也不只運用往生西方極樂淨土的路上，平日的生活、求學、事業、婚姻，也都要加以運用一心、專心，使其安定、順遂。

《阿彌陀經》敘述的西方極樂世界是一個修習正念、非常美好的國土，阿彌陀佛是理想的老師，十方諸佛互相護持阿彌陀佛的淨土，共同讚美西方極樂世界的殊勝。經文不是念給佛聽，而是念給自己聽，並要懂得應用在生活中，不論我們身在何處、與什麼人相處，也都要盡心盡力互相扶持，做阿彌陀佛的代言人。

有把握能往生西方極樂世界嗎？學佛的終極目標是什麼？成佛後要做什麼呢？我們既然已瞭解要以「信、願、行」往生西方淨土，平日就要儲備這三種資糧。「信」是相信有西方極樂淨土，相信我們有到最高等的淨土大學進修的因緣。「願」是要有深切解脫無明煩惱的願望，發願到西方極樂淨土。「行」是每天都要實踐阿彌陀佛的法門，一心不亂，生活的每一個當下都是淨土。

提起正念，透過專注、一心不亂的學習，信願行三資糧具足，淨土就能夠實現。期許我們以正面思想引導自己的生活更美好，而且清楚的透過做好事、說好話、存好心來轉念，讓自己真真切切活在淨土的當下！

念佛的重點和觀念

念佛，為的是什麼？為的是希望能擁有「清淨心」，透過念佛得到清淨。

念佛的時候，我們從佛名當中專注作意，觀想阿彌陀佛的光明和功德，

從念佛中專注讓自己不起煩惱、不造惡業，

因著一心念佛，能讓念頭保持念念清淨。

當念頭清淨的時候，當下就不會起煩惱、不會造惡業。

而且清淨的功德，可以成為未來解脫成佛的資糧，所以我們應該好好珍惜念佛。

當一個人說他念佛的目的在求生淨土時，表示他的目標很清楚。但是，如果現在阿彌陀佛真的出現在他眼前了，並且告訴他：「某某啊，我現在就帶你到西方極樂世界，跟我走吧！」請問，他真的能夠放下眼前一切跟著佛走嗎？

想念佛求生淨土，必須發自內心真誠面對。如果功夫不到，念佛的真誠心不夠懇切，能去得了西方淨土嗎？就像不努力工作的人，事業能成功嗎？不努力經營家庭，家庭能圓滿嗎？

但念佛能否得力的關鍵，在於能不能時時刻刻不忘記佛的功德。內心若沒有虔誠、沒有絕對的信心，念佛就沒有辦法得到力量。念佛不但可以增長福德，而且可以產生善的對治作用，尤其當我們感到惶恐不安、恐懼、害怕的時候，更要多念佛。

不過，念佛求生西方極樂淨土，畢竟是屬於未來的事，發生在生命結束之後；但念佛其實也是現世的事，具有在現世就能解除煩惱、消除業障的功能。過去祖師大德說：「念佛一聲，福增無量；禮佛一拜，罪滅河沙。」從這個角度看，念佛確實能消除我們的業障，但是如果沒有念佛的「行」去好好執行、沒有「信心」去體證、也沒有「願力」發出去，還是沒有辦法圓滿完成；所以念佛回歸到基本上，就是要「信、願、行」。

當信、願、行三資糧具足後，念佛之人就能堅定相信西方極樂淨土，也會發願前往，再加上以前種下的善好因緣，以及善知識的說明，最後一念阿彌陀佛，就可以抵達西方極樂淨土。

以現世的需求而言，念佛意義在離苦得樂；從離苦得樂的角度來看，念佛是為了求快樂。那麼世間的快樂到底該定位在哪裡？錢愈多就愈快樂嗎？還是有成就、有權勢才是快樂？

錢變多了，真的能滿足我們嗎？會不會開始擔心先生有小三或妻子結交男朋友呢？錢如果不用於正途上，會帶來什麼副作用？

名成利就很快樂，但這種快樂是否必須有相當的付出才能獲得？在付出的過程中，是否疏忽家庭應有的互動？因此，有了錢或是有了事業，在追逐的過程或達到目的之後，當中所增加的擔憂和缺失都會讓我們的快樂暗藏不快樂。信仰也一樣，如果我們沒有好的因緣進入正信宗教，我們所得到的快樂也不可能是究竟的快樂。

念佛的快樂

念佛到底有什麼快樂？星雲大師多年前曾開示過，將快樂分成五種：

一、動樂與靜樂

動樂是指平常在忙碌中的快樂。當我們投入活動或事業的忙碌過程中，真的感到快樂嗎？那種在世間上讓自己忙碌的快樂，到底實不實在？長不長久？疲不疲累？

動樂相對是靜樂，是指安靜的快樂，就如同念佛的快樂。在念佛當中，我們的心可以慢慢安定下來；當整個身心都安定下來後，就投入到阿彌陀佛的無量光明無量壽佛號中，自然而然可以感受到內心的寧靜安樂。

二、忙樂與閒樂

把世間的忙樂與念佛中的閒樂做個比較，會發覺人們是用忙碌來代替生活，例如：上班族一直忙，退休反而無法適應，因為已經習慣忙碌了，退休後無所事事會感到做人沒有用。建議大家每天都找出一個獨處的時段，因為忙碌之餘，還是必須暫停下來，每天都要反省與觀照。例如對於信仰，要去思惟念佛法門的方式對不對？乃至於人生的規劃，是不是自己真正想要的？

至於閒樂是什麼呢？就是在忙碌當中，透過阿彌陀佛的聖號，不管以哪一種念

法，讓自己的心慢慢安定下來後，就可以很清楚明白的面對人際關係，以及自己的身口意三業。

三、眾樂與自樂

做人做事要能自樂。我們能不能透過一句佛號，感受到阿彌陀佛的無量光明無量壽，以及阿彌陀佛的四十八大願，甚至於阿彌陀佛為一切眾生的悲心呢？我們能不能從一句阿彌陀佛的佛號，感受到我不用去計較人我的相處關係、不再有利害得失的問題？我們能否從佛號中體會到自己給自己的快樂，不用藉由外在的因素就能讓自己很快樂？

四、外樂與內樂

外樂就是要透過「眼耳鼻舌身」的五根去接觸到外在的「色聲香味觸」才能感覺到的快樂。如果跳舞很快樂，那麼能跳多久？因為人的體力有限，所以根塵的快樂其實是短暫的。但念佛的快樂並非向外追求，是一種內心的快樂；念佛是從內心去體會、讓自己的觀念清楚明白、心識能夠更加穩定的快樂。

五、世樂與法樂

世樂就是功成名就或物質財富的部分。至於法樂，就是從念佛中去體會一句佛號有多少無量功德利益。很多人都有助念的經驗，甚至聽過或體驗過很多感應事蹟，相信早已感受到這種功德利益與一般世間的快樂實在差太多了。

念佛有現世的和當來的利益

《阿彌陀經》提到：「若一日，若二日，若三日，若四日，若五日，若六日，若七日，一心不亂，其人臨命終時，阿彌陀佛與諸聖眾，現在其前。」但念佛所得的利益，絕不只是為了要未來往生西方極樂淨土而已。

念佛的利益可分成現生的和當來的。以現生來講，相信每一個懂得念佛的人，在家裡必是一位孝順父母的子女；在社會上，也一定有很好的名聲；如果從不一樣的角度來看念佛的利益，大概有四點好處：

一、可累積眾多的福德因緣

念佛是「正行」，但不要只是傻傻的念佛，認為一句佛號念著就好。如果不瞭解佛教經典，怎能知道念佛是怎麼一回事呢？光是念佛，不跟別人結緣、互動，我們修行的資糧是不夠的。

在福德因緣部分，要透過對佛的理解，以及生命的實踐歷程，把內心的佛性點亮。因為內心一旦光明，面對生命時，就有光明面的思考，不會遇到一點小事就退縮。

二、可以開展出內心的慈悲方便

如果我們未來想要到西方極樂淨土去，但現實生活裡我們沒有養成念佛的習慣，想要完成這件事有很大的困難。

首先我們要觀照自省：能不能夠像觀世音菩薩「應以何身得度者，即現何身而為說法」一樣，常常展現慈悲柔軟、懂得善巧方便？

從阿彌陀佛九品往生的理論來看，每一個人絕對都有機會到淨土去，只是品位高低不同；至於我們想到什麼品位，就看我們現在怎麼做。

三、讓生命具有甚深的悲智行願

叢林佛教都在深山修行，寺院道場又因規矩繁多，一般人覺得不容易進入；不過佛光山推行的人間佛教沒有這樣的問題，因為不斷透過各種活動及講座，讓大家都能實際從生活中參與，透過佛法體會生命的意義與價值，進而從信仰中提升自我。

除了有四大菩薩的慈悲智慧可以讓我們學習之外，還有他們的願心及行證可作依歸；其中透過念佛的方式，就可以讓自己有進步與成長的助緣。

四、發出長遠的菩提道心

念佛一段時日之後，不只自己要生出對念佛的信心，更要作出反省反觀自己：對家人有沒有信心？會不會因為先生、妻子出去久一點，就開始擔心他、她會怎麼樣？擔心孩子出去久一點又會怎麼樣？

我們要養成一種習慣，對念佛的方式及面對生命、事業應該都是一如的，對信仰和生活的觀念都能一致。我們的歡喜、法喜，不會只限定在殿堂裡，參加法會，在儀式結束後，回到家，都要維持法會中的那份安然淡定的心。

真正的發菩提心，應該是「上求佛道，下化眾生」。簡單而言之，就是不要太有自己的想法，能夠無我；人家說我好、說我不好，我都很明白，有過則改之、無過則自我嘉勉。經典裡講得非常清楚，佛跟我們一樣，都是從凡夫慢慢修來的，修到後來成就佛道，所以我們也一定能做到！

做無常想，一心念佛

念佛的關鍵在於「一心」。念的意涵是「今」從「心」，意思就是現前的這一心。一句佛號，從心裡面聽得清楚明白，從心裡面念出來，還要從耳朵再把它聽進去，別的念頭來都不去想，一心不二用。

一心念佛要先從心平氣靜、不急不緩、不必貪多開始；不是念得愈多就愈好，因為可能會疲勞，就不能夠持久，但也不是悠哉的念，抱著無所謂的態度，念多少算多少，這樣子念佛是無法集中的。

淨土法門今日能夠這樣興盛，是因為我們都想要離苦得樂，我們知道人生是苦的，希望得到究竟的安寧。

釋迦牟尼佛曾經告訴我們：「三界無安，有如火宅。」要得到究竟的安樂，只有超出三界，否則不論到哪裡，即使生到了非想、非非想處天，也難免「福盡還墮」的憂苦！

面對生命或面對修行，我們有時候會提不起心力來，在這種情況之下，可以尋求一些對治的方法，其中「做無常想」，就是修一切法門的基礎之一。無常的觀法，可以分為：觀這一期生命的無常、觀心念的無常。因著生命無法掌握的特性，我們生起迫切想要修行的心，這種迫切的心可以對治懈怠、昏沉以及掉舉。觀生命的無常有三個重點：

一、要去思惟眾生「決定會死」

有生就有死，無論凡夫或是聖者，都會面臨死亡；因此，不管是在任何環境，或使用種種方法，都不能夠躲避「死的無常」。

二、要去思惟「死亡是沒有定期的」

死亡無法指定日期，因為死亡的因緣有很多，而活著的因緣很少。例如：我們面臨老、病時，就容易死亡；而面對來自大自然的災害，像天災、旱災、水災、風災、海嘯等等，它們什麼時候會發生，我們沒辦法預測；至於怨敵或仇人的加害、食物有毒等等，只要有一點點因緣，脆弱的人體隨時都有喪命的可能。

三、要去思惟死亡的時候，除了佛法，沒有任何東西對我們有幫助

「無常想」，運用於修行和生活中，都是很好的方法。因此，日常生活當中，如果感覺有重重的障礙，使不上力；或者在修行、學習的時候不相應；或是感覺到

懶散沒有力量，容易昏沉、散亂，那就是因為「念死無常的心」還沒有生起，你還沒有感受到「生命的迫切性」。

「稱名」和「念佛」

最後，將念佛的「重點」和「觀念」做個提示。「念佛」和「稱名」不同，「稱名」是稱念佛菩薩的名號，這是大乘修行的方法，目的是在增長我們對佛、對菩薩的信、願心。它的修法很簡單，日常生活當中，不論何時何地都可以稱念。「念佛」則重在憶念，也就是把心繫在一個境，在這樣的境上，就稱為「念」，目的是讓我們對這個所緣，能夠銘記在心。

念佛，是修戒定慧的基本行法之一，重點在於要專、要切；所緣的對象有三：

第一、佛菩薩的名號。這就是「稱名念佛」，又稱為「持名念佛」。

第二、佛菩薩的聖像。分「觀想念佛」和「觀相念佛」兩種。

第三、佛菩薩所證得的功德。觀一切諸法的真實相，稱為「實相念佛」。

因此，念佛法門的重點在於觀念、方法和次第，我們如果能把握知見，一路專切修持，每一個念頭都會是清淨的，而念念也可以轉化生命，面對生命、生活的態度也會轉變。

沒有體會佛的柔軟心、平等心，更遑論投入慢慢拜下去的這個動作中，我們如何能如實的跟佛接心？

我們念佛拜佛的這顆心，可用一首詩偈來表現：

念佛容易信心難
心口不一總是閒
口念彌陀心散亂
喊破喉嚨也徒然

——明・憨山德清

念佛念佛，佛要怎麼念？

佛陀的時代，僧團的比丘們每天都與佛生活在一起，他們容易感受、體會到佛的慈悲與智慧，對佛陀生起恭敬與尊重的心，因此在憶念佛功德的過程中，可以快速降伏妄念、調伏恐懼。

「念佛法門」是《阿含經》中的「六念法」之一。

修念佛法門最重要的前提，就是對這個法門具有高度的信心和喜好，要瞭解念佛法門的殊勝，藉由它讓心遠離染汙，得到清淨。

念佛等於念自己的心。不斷念，念到最後，就會把心念念得明白起來、念得清淨起來，能了知「自心是佛」、「即心即佛」。

念佛要一心不亂

因為彌陀法門因緣殊勝，所以我們往往都以阿彌陀佛為所緣而修。換句話說，如果想要往生淨土，就必須先修到「念佛三昧」。《阿彌陀經》有說：「若一日，若二日，若三日，若四日，若五日，若六日，若七日，一心不亂……」，一心不亂其實就是三昧「正定，正受，等持」。只有在一心不亂，清清楚楚、正念分明的狀態之下才能夠往生西方淨土。

執持名號的目的，是要我們達到「一心不亂」。執是堅固不移，持是憶念不忘，也就是正定的念佛三昧。

念佛要心念、口也念，心口相應，「南無阿彌陀佛」六字要念得清清楚楚。念佛的方法是心起、口出、耳入，再收回入心。

那麼如何執持名號呢？過去印光大師曾說：「一句彌陀念誦聽。」念是從心中生起的，音聲從口誦出，代表一心歸命阿彌陀佛之意，阿彌陀佛是所發出音聲的相，就是無量光、無量壽之義。所謂名以召德，就是用阿彌陀佛的名號來召喚（總持）阿彌陀佛的功德。

阿彌陀佛的功德是無障礙的，所以創造音聲很重要，如果沒有了音聲，那只是第六意識的法塵，是用想的，就不相應；所以要具足念從心起、聲從口出、音從耳入三個條件。便可建立起阿彌陀佛的功德。

聽自己口誦出來的音聲，把它當作所緣境，不去排斥別人的音聲；把別人的音聲當成助緣。

念佛時還要有節奏、有韻調，才容易攝心，然後慢慢去熟練進而持續。念佛要記得重質不重量，重點在念力，不在數量，只要心不離佛，佛不離心，如此一來，內心便不會被煩惱所影響。

學習「念佛三昧」就要先訓練「能覺知」。當我們開始念佛，要先把注意力「往內攝」，收攝在念佛的佛號音聲上，專注、念誦、思惟。

覺知「以佛號為所緣」，以佛號為所緣是念佛方法的第一步。有了覺知，就能把心「內住」在所緣上。內住之後還要保持「續住」，用覺知續住，所以要強而有力的注意自己的音聲，察覺自己音聲的「生、住、滅」，一句接一句、一字接一字的沒有間斷念佛。

念佛的四大好處

念佛有很多好處，舉其中四點作為說明。

一、**諸佛守護**

我們念佛，佛會守護我們。《佛說阿彌陀經》有云：「是諸善男子、善女人，皆為一切諸佛之所護念，皆得不退轉於阿耨多羅三藐三菩提」，念佛之人，受到諸佛的力量護念加持，心中會有力量，不會恐懼，也不會退轉。

二、**常遇善友**

所謂「愛人者，人恆愛之；敬人者，人恆敬之。」念佛時心念專一，這是「自受用」；別人看了，能夠起信，是「他受用」。由於我們念佛，想到的都是光明的，因而內心清淨、和氣待人，所以善良的朋友自然也會聚集過來，正是「物以類聚」。

三、福慧圓滿

「念佛一聲，福增無量；禮佛一拜，罪滅河沙。」《法華經》也提到：「一稱南無佛，皆共成佛道」，一句佛號，包含了無盡的意義，能憶念諸佛的萬德莊嚴，內中具有無限的福德智慧。過去祖師曾說道：「一句佛號的舟航，能載罪障，不落輪迴苦海；一句佛號的內容，包含三藏十二部經典，是智慧的明燈。」不斷的念，會念出福慧圓滿的人生。

四、命終歡喜

《寶積經》有云：「高聲念佛，魔軍退散。」念佛的人，心無恐怖、害怕，能使正念現前，不怕下三惡道；年紀大的時候，更加要勤於專心念佛；臨命終時，西方極樂淨土現前，會得到感應、得到接引、得到歡喜！所以，我們要養成念佛的習慣，因為念佛的利益和價值，不管是在生時或未來命終之際，都能夠得到受用。

念佛的要訣

念佛法門必須要有自力、念力以及佛力的和合成就，才能夠完成未來的往生；而能否感通阿彌陀佛願力接引的因素，取決於我們是不是有「誠敬的心」。當我們知道念佛絕對不是只在於嘴巴、耳朵或在手撥念珠，就應該注意念佛的要訣。

過去祖師大德累積很多念佛的要訣，以下簡單介紹幾種：

一、圓轉

圓轉，就是把它串聯起來，不要讓它方向不一樣。我們念佛，必須對阿彌陀佛的心清楚明白，從心發出來，之後聲音從口出來，再用耳朵把口念的佛號聽進去，之後我們的意識很清楚的聽到自己在念「南無阿彌陀佛」，然後周而復始。如果能夠從心發出、然後從口出來、耳朵再聽進來、整個再回到心，循環進行，就是《大勢至菩薩念佛圓通章》所提到的「都攝六根，淨念相繼」。

二、專注

專注，就是攝心，必須集中精神，專注在佛號上。如果沒有專注在自己的音聲中，很容易受到外在音聲的牽引；不夠專注就不能有所感受。

三、記數

對初學者來說，念佛要記數，就是要透過念珠來提醒自己。但真正念佛純熟時，其實不需要記數器或念珠，尤其到了「念而無念，無念而念」的境界，要記數也可以，不記數也可以。

念佛並不在於數字上的累計，其實拜佛亦然。佛教的儀式很多，但我們一定要在儀式中修行嗎？其實並沒有如此規定，那麼多的佛教儀軌，事實上也都可以放著不用。但為什麼它們要存在？因為儀軌是一種媒介、是一道門，我們藉由它，更方便進入佛法的法義裡。例如：從拜懺中，我們更懂得自我觀照，進而反省自己不正確的行為、語言或觀念。

雖然沒有規定學佛一定要拜佛，但是我們自然會拜佛，為什麼？因為我們清楚明白，拜佛是為了要與佛接心，學習佛對眾生完全的平等、無分別。拜佛時，要在動作當下做自我反省與觀照而契入佛心。當我們內心柔軟，把頭面伏拜墊上時，表示我們面對生命中的一切，無論愛恨，都願意用一份謙卑的心看待。學佛的人會拜佛是因為可以藉由拜佛的事相、動作與行為，把貢高我慢的心降伏。

念佛的方法

從「念」佛的當中，不斷的反觀阿彌陀佛跟自己的關係，甚至透過清楚的誦念阿彌陀佛，讓心更加明白，在面對生命時，能夠善了每一個順逆因緣，這才是最重要的。念佛的方法有多種：

一、十念法

吸一口氣，連續念佛到下一次吸氣，這一口氣為一念，總共十次，稱為十念。只隨順著氣的長、短，不限定佛號的數目，重點在讓心不散亂，藉由氣來約束心。

二、十念計數法

十念計數法是比較通用的念佛方法。念佛的時候，從第一句到第十句，必須要念得清楚，也要記得明白，到了第十句之後，回頭再從第一句到第十句，隨念隨記。如果覺得從一到十費力的話，或者用三三三一，或者三三三二的方式，不必用念珠，只要用心來記，重點在念得清楚、記得清楚、聽得清楚，全心全力都在一句佛號。

三、追頂念

念佛時一心不亂，只有一句佛號，一句追著一句，一聲追著一聲，就好像勇猛的將士拿著刀在捉賊，努力一直向前，中間不留空隙。這種念佛方式，通常對治妄想很好用，但是必須懂得善用，否則念誦的時候可能產生傷氣、動火、傷血等有害身心的狀況。

四、高聲念

當昏沉或妄想一直擾來的時候，透過高聲念佛讓音聲去引導心，可以振作精神，讓念頭能夠專注下來，散念就會慢慢的減少。

五、金剛念

如果心氣不順或場合不太方便念，可以改成金剛念的方式。「金剛念」是動口、唇，聲音就在唇、齒之間，「金剛齒」又稱半抿半沒齒。這種念法數目不必計較多少，是「心念心聽」。

六、隨息念佛

隨著氣息來念佛，氣靜心平的時候，觀出、入的呼吸，每一個呼吸就是一句「阿彌陀佛」。吸氣是「南無」，呼氣是「阿彌陀佛」。可以在日常生活的行住坐臥中試著練習。

七、繫緣念佛

在行住坐臥或語默動靜中，乃至於穿衣吃飯，在一切時、一切處，都能夠繫念佛號。「繫緣念」是內心不忘記阿彌陀佛，時時刻刻都在憶念阿彌陀佛，時時刻刻都在憶念西方淨土。

八、觀字念

慢慢稱念佛號的時候，隨著每一字的音聲，內觀自省，或是觀文字。南無阿彌陀佛，念得清清楚楚，聽得清清楚楚；意根觀南無阿彌陀佛的字形，也清清楚楚。意思就是音聲和文字相應不亂，用這種方式來攝心。

九、持名跟觀想一起合修

我們在繞佛行經時，如果覺得疲勞，可以在靜坐時，觀想阿彌陀佛的聖像，以及淨土的莊嚴。觀想的方法，列舉幾種：

1.自坐蓮花想

觀想自己坐在蓮花上，然後蓮花慢慢的打開，當蓮花開的時候，五百種光照入自己身上，當下看到了阿彌陀佛，看到了觀世音菩薩，看到了大勢至菩薩，以及所有西方淨土的聖境，如同在西方淨土蓮花化生，見佛聞法，這是「自坐蓮花想」的觀想方式。

2.白毫觀

觀想阿彌陀佛，丈六金身，結跏趺坐在蓮花寶臺上，阿彌陀佛兩眉當中，有一個白毫長一丈五尺，白毫相光發出來，顏色如同白雪，無量光明柔軟。我們觀想阿彌陀佛眉間白毫相，有八萬四千種相好，受到彌陀佛的白毫光明加持，能讓我們心地柔軟、心開意解、身心舒暢。

3.阿彌陀佛觀

觀想阿彌陀佛的威德莊嚴、相好光明、身如金色，甚至觀想西方極樂世界的種種莊嚴，妙香天樂、寶池、寶樹、寶網，從阿彌陀佛及西方淨土的正報、依報，一一憶念觀想，好像在遊歷西方淨土一般，是謂「持名觀想念佛」。

十、零碎觀想法

零碎觀想法的運用：一心合掌，面向西方，不論坐、站、或是跪著，十聲念阿彌陀佛、觀世音菩薩、大勢至菩薩、清淨大海眾菩薩之後，可以發願：

弟子某甲，是凡夫眾生，在六道中輪迴，苦不堪言，現在遇到了善知識，得聞阿彌陀佛的名號，也瞭解阿彌陀佛的本願功德，弟子要一心稱念求願往生，願阿彌陀佛慈悲不捨，哀憐攝受！願阿彌陀佛的相好光明，能夠顯示，讓我得以見彌陀、觀音、勢至、以及諸大菩薩眾，整個西方淨土的清淨莊嚴、光明妙相，都能夠讓我了了見得。

念佛的注意事項

稱念佛號的音聲原則，要覺知每一個聲音的出、入、長、短。兩個注意事項如下：

一、念佛要善巧

以音聲念佛，一定要出聲念。大家聚集一起，耳根會聽到別人的音聲，眼根會看到別人，我們因此容易散亂、分心，所以念佛要出聲音，要聽得到自己的聲音，並且專注在自己的聲音。念久，總會口渴、會累，此時可以改為「金剛念」，如果金剛念還覺得累可以再改為「默念」。

二、念佛要平心靜氣

在覺知音聲出聲念的時候，要注意心的平和、平靜，不可情緒起伏不定。《阿彌陀經》上說：「其國眾生無有眾苦，但受諸樂」，這裡「眾苦」不只是色身的苦，還包括內心上的憂悲惱苦。內心還有憂悲可不可能往生淨土？不可能！若內心還有憂悲，就無法進入禪定；進入禪定是覺、觀、喜、樂一心，因為一心，所以沒有憂悲的情緒，因此祖師大德說：「念佛要如喪考妣。」是指心很「切」，而不是說心很悲苦。

散亂、掉舉的對治法門

念佛的過程中，初學者一定會有昏沉、散亂的情況，如果我們覺知到所緣跑掉了、佛號跑掉了、不能夠專注於佛號上了，就要趕緊把佛號拉回來。對治散亂、掉舉有下列幾種方法：

一、心下沉

念佛號時，把注意力放在鼻端，甚至往下沉，將注意力集中在腹部丹田，此時心力會下沉，心力一下沉就不容易散亂；散亂、掉舉都是因為心太高昂的緣故。如果還是不行，就把心念放在腳底湧泉穴，左腳、右腳都可以。

二、數息法

先不要念佛，改用強而有力的數息法，對治非常嚴重的散亂及掉舉。

三、修觀法

思惟「因緣法」，好好的苛責自己的懈怠放逸。再思惟「生命無常」，感謝今天有健康的身體可以修行，明天、後天還不一定能具足，所以每天能定心用功五分鐘、十分鐘念佛，勝過用散亂的心念五個月或十個月。如果覺知能力弱，昏沉而不自覺；散亂、掉舉而不自覺，就用「止」、「觀」訓練，把心收攝到內在來強化，持續不懈強化到某一種程度，自然能進入「淨念相繼」。

這些都是初步的方法，我們要在念佛中去學習，習慣了之後，面對生命變得容易，對治一切外在境界的考驗也更容易。

唯心淨土，念念相應

剛開始念佛的時候，佛在我們的心外，但慢慢的，佛會在我們的心內，也在心外。阿彌陀佛如果在我們的心中，淨土也會在我們的心中，而不會只是在於西方，這就稱為「唯心淨土」。

居住在淨土裡的眾生懂得安樂自在，懂得聆聽樹的風聲、鳥兒的歌聲，能正念面對生命，連走路、吃飯、工作，心念言行都是正面的。能做到以正念來面對生命

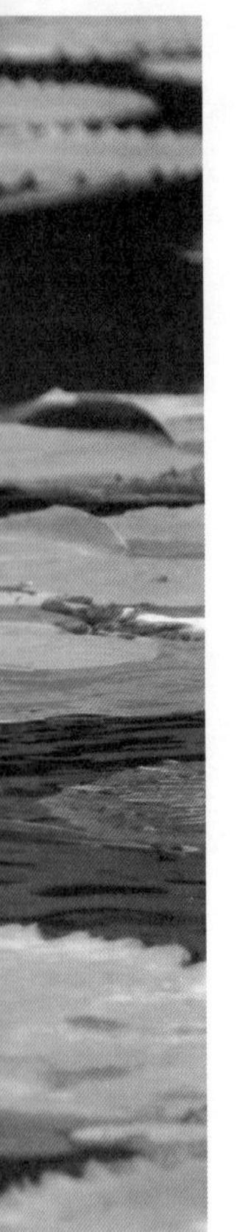

的每個當下，就是在建設淨土，淨土也會在這一刻顯現。無論到那裡，都是淨土。

總之，念佛很簡單、很清楚、也很重要。如果能夠透過一句阿彌陀佛的佛號，讓佛號融入自己的內心，我們念佛的心，就能與佛對眾生的心相應。能夠一念相應一念佛，念念相應就能念念佛。當念佛能在無時無刻及任何地方進行，而且每一句佛號都發自內心，透過身體力行具足圓滿，自然我們面對家庭、家人都會有信心，家庭與事業都能良善經營，我們便是活在當下的極樂淨土內。

攝心念佛的方法

皈依受戒時，都有三番羯磨，透過念三次〈皈依文〉，來表達我們所皈依、受戒的誓願力和信願力。我們可以把三番羯磨的方式，配合在念佛的過程裡：

初番羯磨時，好像打佛七時念的〈讚佛偈〉，阿彌陀佛無量無邊的功德，以強大的心力震動了大地，地裂開時，心中引發善法雲（白法），慢慢往上飄起，身心產生變化、感動。

二番羯磨好比〈讚佛偈〉後的六字佛號，觀想一聲聲佛號，法界所有的善法功德雲集在頭頂，慢慢形成雲蓋，集中到某個程度時，此時佛號由六字轉為四字，無量無邊的善法雲功德，從頭頂注下、到胸部、腹部、到腳底，至整個光明充滿全身。

三番羯磨，在止靜過後，還有一次四句佛號，就如同三番羯磨的「皈依佛竟、皈依法竟、皈依僧竟」，如同把念佛再做一次確認。

每句佛號誦念時，身心也會隨著一句句佛號在改變，如果我們瞭解無常的觀念，就會瞭解到每一句佛號是第一次也是最後一次，念佛是我們學習正念的第一步。

打佛七時，要記得把佛號念出聲，也要聽自己念出來的佛號聲，而且還要聽法器的聲音，跟隨法師念誦的速度要一致。如果口乾了，可以改成金剛念或默念，就是改成氣音，仍然須專注在自己微弱的氣音。雖然這時聲音很小、很難專注，但是金剛念可否專注，就看心有沒有收攝，如果金剛念仍然覺得很累，那麼可採默念，不出聲音，去聽大眾的聲音，若心收攝，仍可以感覺殊勝。

在覺知到念佛要出聲念時，我們同時要注意，心是平和、安靜的，不要有太大的情緒起伏。極樂世界無有眾苦，但受諸樂，代表那裡除了沒有身體的苦外，內心也沒有憂悲。各位如果內心仍有憂悲，是不可能往生淨土的。念佛的境界，其實就像入定的狀態，「覺、觀、喜、樂」存於一心。

所以也有人說，念佛要念到如喪考妣，意思是指念到內心很懇切、很莊嚴、很急切、很肯定。一旦有情緒，或者不耐煩，表示心有妄想；念佛是在維持一種正念，一種清楚明白的狀態。

日常生活中，每走一步、每一個呼吸、每一個動作，都要讓西方極樂淨土在當下顯現，往生淨土不是未來往生，而是當下就是淨土。

如何調伏煩惱

我們不必要求斷煩惱，但要有力量去調伏；我們平常禮佛是請佛給我們力量，而不是請佛不要給我們障礙。

念佛是在念氣勢，氣勢讓我們有專注力。當念佛很有威嚴、很有氣勢的時候，妄想就不敢亂動，絕不能佛號念很多但妄想紛飛、念得亂七八糟，那根本沒用，是在騙自己。

所謂「一心不亂」，是指念佛念到內心安立，不被內心煩惱所亂，然後轉生為熟，以淨念代替妄念。

當妄想起來時如何對治

妄想是虛妄不真實的，全因境界而生，所以妄想生起時不用害怕，連害怕也是個妄想，只要不理它，隨它去就好。

古德有云：「不怕念頭起，只怕覺照遲。」別人的責備或嫌棄都隨它去，不必跟隨妄想走，當然讚美也是一樣，隨它去。

當妄想一起來就念佛，心裡想著：沒關係、隨它去。久而久之，念佛便能愈來愈熟練，當我們不用提醒自己要念佛就隨時會念時，叫做無念而念，這樣的念佛功夫才是進步的，我們要做到念念不間斷，行、住、坐、臥只有一念。

莊嚴國土、成熟眾生

淨土法門藉由清晰和穩重的口業改變身業和意業，
行為和思想也會變得清晰和穩重。
掌握稱名念佛的要義，善用聲音、言語的功用，
令身口意趨向清淨，成就理想的身心世界和自性彌陀。

念念勿生疑，能為作依護

——觀音法門的修持

千處祈求千處應，苦海常作渡人舟——

聞聲救苦的觀世音菩薩，是所有菩薩中感應最多的。

觀音法門浩瀚無邊，我們要學習觀世音菩薩的大慈大悲、平等無私。

如果用求觀世音菩薩的懇切心念來自我要求，

人人都可以當觀音菩薩，發出利益眾生的弘願。

我們為什麼要拜觀音？如果沒有探討信仰、沒有深入思考，拜觀音，只是一種盲目的行為，甚至是迷信，因為只知道表相，不知道所以然。

佛教徒透過修持與自己相應的法門，體會清淨自在。「決心即是修行」，人生變化如同花式撞球，高段的人總是能讓球按他的目標滾進指定袋裡，這是勤下功夫、熟能生巧的成果；面對人生旅途，貪瞋癡慢疑隨時都會出現，能否改變習氣，端看自己能否下定決心精進，若一直執著在貪瞋癡，就難以體會戒定慧的光明面。

〈讚觀音文〉云：「南無過去正法明如來，現前觀世音菩薩，成妙功德，具大慈悲，於一身心，現千手眼，照見法界，護持眾生，令發廣大道心，教持圓滿神咒，永離惡道，得生佛前，無間重愆、纏身惡疾，莫能救濟，悉使消除。三昧辯才，現生求願，咸令果遂，決定無疑。能使速獲三乘，早登佛地。威神之力，歎莫能窮，故我一心，歸命頂禮。」短短一段讚文，道盡了觀世音菩薩從一位聖者，進入到凡間的發心與度眾的用心。

從讚文中，可以理解觀世音菩薩倒駕慈航的目的，是要讓我們永離惡道，得生佛前。觀音法門不是著重於聽山河大地的風聲水聲來悟道，而是要聽聞世間所有的苦難音聲，透過觀照眾生無明的音聲，救度其苦、教化修行，使其滅罪消愆，早登佛地。

修學觀音法門，先稱名禮拜，其次學習觀音菩薩發廣大菩提心願，學習觀音菩薩的大慈大悲、平等無私；發出像觀音菩薩「利樂眾生」的宏願，行「救度有情」的勝行。稱念禮拜觀音的功德利益，可消災免難、免於恐怖驚嚇，增加力量，所求如願，增長智慧。

認識觀世音菩薩

觀世音菩薩並非天生就有如此高的性德！他與我們一樣，是經過母親十個月懷胎生下來的。他的生命性德是一種表徵，經過多生累劫的鍛鍊才展現出來，如同十年寒窗苦讀，才能一朝功名成就。

觀世音菩薩在面對生命時，和眾生一樣有很多習性，如：貪、瞋、癡、慢、疑，乃至於財、色、名、食、睡；但最後他將這些不良的種子去除，把生命中好的基因，像精進、慈悲、智慧等等，一個個提升上來。

一般人總以為，自己這輩子無法像觀世音菩薩那樣成就；因為聖人能把現生、未來要做的事，統統集中在一輩子完成，他們不但斷除壞習性，更在因緣成熟之際，得到生命的覺醒，慢慢往心靈層次提升。不過，我們亦不可失去信心，因為只要是學佛人或修行人，都具有如菩薩般的特質，都有成就的機會。

「觀世音菩薩」是娑婆世界裡對他的稱呼，也被翻譯成「觀自在菩薩」。在他方世界，他的名稱是不一樣的。在《悲華經》裡，阿彌陀佛在西方極樂淨土涅槃後，觀世音菩薩就會在西方極樂世界成佛，他的佛號名稱是「遍出一切光明功德山王如來」，這是觀世音菩薩未來的佛名；根據《觀音三昧經》裡面的記載，觀世音菩薩在釋迦牟尼佛成佛之前，叫做「正法明如來」。

觀世音菩薩把生命的核心淬鍊出來，無窮無盡的利益眾生，這是他生命的價值所在，也是他與一般人不同的地方。那麼，我們又該如何效法菩薩、塑造自己呢？

透過實踐，才能鍛鍊出生命本身最殊勝與最精華的價值。人生的終極目標，就在追求生命的意義和真相，透過觀世音菩薩生生世世示現的各種形相，以及他如何在世間教化及利益眾生，就不難明白其中的真諦。

觀世音菩薩和佛陀，眾生互為師徒

過去，釋迦牟尼佛曾以觀世音菩薩的弟子示現，那時觀世音菩薩是正法明如來。當時的釋迦佛，就在正法明如來的座下做苦行弟子。但現在來看，觀世音菩薩

反過來變成釋迦牟尼佛的弟子，這是怎麼回事？

用一個故事來說明。經典裡曾經記載，從前有一位辟支佛的弟子，他生性憨直，與他的師父二人幽居在山區，傍水而居，生活既單調又清苦。有一天，兩人一起外出時，這位辟支佛的弟子打著傘，幫師父背著行李，侍奉他一起行腳。此時弟子心裡忽然生出一個想法：「今生若只是修羅漢，未免太過自私。」於是他暗暗發願要行菩薩道來廣度眾生。

當他動了這個念頭後，師父突然叫住弟子說：「你走我前面，包我自己背，傘我自己拿。」就這樣又走了一段路。弟子覺得過意不去，又起了另一念頭：「師父年紀這麼大了，我不忍心離開他，還是繼續修羅漢吧！」師父感受到他的起心動念，又開口了：「徒弟！還是你來打傘、你來背這個包吧！」

徒弟不清楚師父為什麼態度反反覆覆，後來師父告訴他：「之前因為你發了菩提心，要做菩薩，所以我要為你打傘、背包；後來你退失了道心，仍然決定做小乘的羅漢，當然還是得站到我後面去。」

這個故事，正好闡明觀世音菩薩與釋迦牟尼佛互為師徒的因緣。但為師或為徒，都只是度眾方便的示現，並不妨礙觀世音菩薩或釋迦牟尼佛成就的境界。

《普門品》中提到，觀世音菩薩悲心廣大，世間所有眾生，不管遭受什麼災難，若能一心稱「觀世音菩薩」名號，觀世音菩薩即能尋聲救苦，讓眾生離苦得樂，所以大家稱他為「大慈大悲觀世音菩薩」。一直以來，從「家家彌陀佛，戶戶觀世音」的說法中，我們可以瞭解，自古觀世音菩薩就與中國人有很深厚的因緣。

觀音法門的經典

觀世音菩薩的修行法門相當多，與觀世音菩薩有關的經典有五部：

第一部：《華嚴經．善財童子參觀自在菩薩章》
第二部：《觀世音菩薩普門品》
第三部：《楞嚴經．觀世音菩薩耳根圓通章》
第四部：《般若波羅蜜多心經》
第五部：《佛說如幻三摩地無量印法門經》

與觀世音菩薩相關的經咒

一、《般若波羅蜜多心經》

《心經》一開始講「觀自在菩薩，行深般若波羅蜜多時，照見五蘊皆空，度一切苦厄」，因此大乘也好，小乘也好，「照見五蘊皆空」是共通的基礎，最後「度一切苦厄」，則是大乘的終極目標。因此，這個法門是用分析觀察的方法來修持，觀察眾生、觀察自己以及自身所處的環境，來觀照世間無常無我，來證明般若實相。

因生動、動生果，這個作用稱為造業。造業的結果，稱為業力的感受果報。如果我們能夠看得清楚明白，這個由色受想行識所成的世界，沒有一個是真實的，沒有一個能夠永遠不變的，這樣我們哪裡還會產生貪瞋或執著呢？

二、《觀世音菩薩普門品》

《普門品》有云：「若有無量百千萬億眾生，受諸苦惱，聞是觀世音菩薩，一心稱名，觀世音菩薩，即時觀其音聲，皆得解脫」，意思就是，稱念觀世音菩薩聖

號，無論大火、大水、惡鬼、刑器、怨賊等所有出現的障礙、困難都能夠免除，一切願望都能得到滿足，成就一切福德。

觀世音菩薩是隨類應現、處處化身、救苦救難、無不感應的，所以觀世音菩薩的形相有很多種。《普門品》裡說道：「應以何身得度者，即現何身而為說法。」但我們稱念觀世音菩薩的名號，並不是條件交換，而是一個訊息的顯現，所以持名是最平易近人的法門，人人能修，時時可修，只要持之以恆，信心懇切，就是最彰顯的法門。

三、《大悲心陀羅尼經》

《大悲心陀羅尼經》全稱《千手千眼觀世音菩薩廣大圓滿無礙大悲心陀羅尼經》。

〈大悲咒〉的由來，源於觀世音菩薩在無量劫以前遭遇千光王靜住如來之時。彼時，千光王靜住如來以金色手摩觀世音菩薩頭頂道：「善男子！汝當持此心咒，普為未來惡世一切眾生作大利樂。」觀世音菩薩剛證入初地，一聽聞〈大悲咒〉，馬上證入第八地，受命的觀世音菩薩歡喜誓願說：「若我當來堪能利益安樂一切眾生，令我即時身生千手、千眼具足。」之後，觀世音菩薩又在無量劫無量佛面前，聽聞及持誦〈大悲咒〉，所以生生世世一直出生佛前，而且蓮花化身。

在《大悲心陀羅尼經》裡，觀世音菩薩提到，如果能不斷誦持〈大悲咒〉並深信不疑，不管在何時何地，不論遇到任何恐怖、災難、危險、迷路、病變、煩惱、業障等等，都可以應驗化解。

持誦〈大悲咒〉若想要相應，要具有十心。這十種心，分別是：第一，大慈悲心；第二，平等心；第三，無為心；第四，無染著心；第五，空觀心；第六，恭敬心；第七，卑下心；第八，無雜亂心；第九，無見取心；第十，無上菩提心。具足十心，就能夠通達外道典籍，治世間八萬四千種病，降一切天魔鬼神，感得一切善神、龍王、金剛力士的護佑。

四、〈六字大明咒〉

「唵嘛呢叭咪吽」這六個字，從元代流傳至今，從西藏、蒙古喇嘛密教而傳入漢地，到了清代，已被收錄到《禪門日誦》的〈十小咒〉內。

西藏人誦持〈六字大明咒〉很平常，幾乎每個人都會持此咒，代表眾人悉曉〈六字大明咒〉利益。修持〈六字大明咒〉時，要一邊用嘴巴念誦，一邊觀想觀世音菩薩的光明遍照眾生輪迴的六道門，要去除掉我們六個根本煩惱，讓光明不斷進入我們身心之中，具足光明之後，再把光明散發出去分享。

五、《延命十句觀音經》

這部經聽起來比較陌生，卻自東魏時代已經流傳，是《高王觀音經》的精簡本；據說劉宋時代的將領王玄謨，因出征失利，回國之後下獄，本欲被處以極刑；但因前一晚在睡夢中，有人告知他，若能持誦《觀音經》千遍，則能免殺，後來果然被沈慶之求情而得以免死。這十句經文如下：

「觀世音，南無佛，與佛有因，與佛有緣，佛法相緣，常樂我淨，朝念觀世音，暮念觀世音，念念從心起，念念不離心。」

雖然只有十句，卻具足了三寶以及觀音的持名念法。

六、《楞嚴經．耳根圓通章》

《楞嚴經》的耳根圓通，要用禪定的觀法，達到一種徹悟究竟的目的。《楞嚴經》和《心經》一樣，都是要我們還歸法性，與佛同體，除掉一切煩惱，自己去體驗生命本來面目。

七、〈白衣大士神咒〉

民間常念誦的〈白衣大士神咒〉：「南無佛。南無法。南無僧。南無救苦救難觀世音菩薩。怛垤哆。唵。伽囉伐哆。伽囉伐哆。伽訶伐哆。囉伽伐哆。囉伽伐哆。娑婆訶。天羅神。地羅神。人離難。難離身。一切災殃化為塵。南無摩訶般若波羅蜜。」這是民間普及化的一種法門。雖然流通於市井婦孺，但任何一種法門，

念念勿生疑，能為作依護

不要論層次高低，都應該客觀的看待，只要不毀謗三寶，不違背因果原則，都不要否定它。

觀音法門的持名功德利益

第一：消災免難

《普門品》講得非常清楚，如果眾生受到苦厄，有無量痛苦在逼迫，觀世音菩薩會用他的妙智力來拯救世間的苦難。

第二：免除恐怖驚嚇

《普門品》裡也提到，若三千大千國土中，充滿夜叉羅剎要來擾亂你，如果我們能念出觀世音菩薩聖號，這些惡鬼都不能用惡眼來看我們，何況是加害呢？

第三：增加面對生命的力量，所求如意、增長智慧

持名功德利益這麼好，所以我們要具足完全的信心稱念。在《十住毘婆沙論》

上有道：「若人種善根，疑則華不開，信心清淨者，華開則見佛」；《普門品》裡面也提到：「妙音觀世音，梵音海潮音，勝彼世間音，是故須常念，念念勿生疑」，強調不生疑心非常重要。

《普門品》還有：「或漂流巨海，龍魚諸鬼難，念彼觀音力，波浪不能沒。」所以我們要至誠懇切，專誠一心無雜念。我更要強調，佛法的重點，在於心性的淨化與提升。因為一般人對外境會有依賴感，但我們一定要記得：順緣和逆緣都是無常。當婚姻、事業、財富發生變動時，我們一定會產生恐懼感，因此要建立內在世界，才不會受到無常的控制，才能夠放下外在的表相世界。而觀世音菩薩的法門，正是在教導我們如何建立內在世界。

稱念觀世音名號，建立內心世界

當我們希望透過觀音法門來建立內在世界時，首先要善用我們的心念，不是只把觀世音菩薩的名號掛在口上就會相應。因為，從外面世界的角度來看內心的世界很抽象，所以，當我們讀經的時候，如果只執著於文字，就無法進入內在的真實性。我們必須訓練自己，藉由經典的引導、透過法師的開示，瞭解內在心靈世界應該要怎麼建構。

一旦受到外在世界的磨難時，只要一稱念南無觀世音菩薩名號，就好像從電腦的鍵盤輸入關鍵字，一輸進去，馬上和內部的資料相應，一相應，就可以把外在世界的災難去除，把自己的福報聚集起來，就能夠滿願，面對日常生活就不會再感到痛苦、無奈或求不得。所以修學好觀世音菩薩的法門，是非常重要的，有準備好就能相應運用。

我們修學佛法，能不能感應道交，關鍵不在於我們有求或無求，而在我們有沒有建立起自己的內在世界。一旦建立好自己的內心世界，外在的一切境界其實都很好解決，想了生死、想出三界，這麼高難度的目標都能夠達到，何況是人間的一些小福報呢？

學觀世音的大悲心，發菩提大願

《普門品》中有提到：「眾中有八萬四千眾生，皆發無等等阿耨多羅三藐三菩提心」，「無等等」就是最上、最殊勝的意思。我們說菩薩發心是以大悲為根本，菩提心是由大悲心而發起的。成佛之道說不忍眾生苦，不忍聖教衰，都是因為大悲心。

〈勸發菩提心文〉也提到：「嘗聞入道要門，發心為首，修行急務，立願居先，願立則眾生可度，心發則佛道堪成。」這裡強調的就是發大願心，我們要學習觀世音菩薩發十大願，以下就是他的十大願：

願我速知一切法
願我早得智慧眼
願我速度一切眾
願我早得善方便
願我速乘般若船
願我早得越苦海
願我速得戒定道
願我早登涅槃山
願我速會無為舍
願我早同法性身

我們想發大願心，可以依照觀世音菩薩的十大願來發，也可以學習地藏王菩薩的本願、普賢菩薩的十大願，以及釋迦牟尼佛生生世世來娑婆度眾生，也可以學習星雲大師生生世世要來人間做出家人度化眾生。星雲大師常說：「一個人的心量有多大，他的事業就有多大」，所以我們一定要記得發大願心。

具足慈悲，廣修供養與智慧

《普門品》裡提到「十方諸國土，無剎不現身，種種諸惡趣，地獄鬼畜生，生老病死苦，以漸悉令滅。」這裡說的，就是要我們具有慈悲心。星雲大師常說：「一個人什麼都可以沒有，但是不能沒有慈悲心。」

《觀無量壽佛經》裡有一首偈語說：「諸佛心者，大慈悲是，以無緣慈，攝諸眾生。」《大智度論》也說道：「大悲是一切諸佛菩薩功德之根本，是般若波羅蜜之母，諸佛之祖母，菩薩以大悲心故得般若波羅蜜，得般若波羅蜜故得作佛。」

修學慈悲心要從內心修起，日常生活中要懂得孝順父母，懂得在別人需要幫助的時候，義不容辭伸出援手，還有凡事要多為別人著想。

慈悲與智慧是學佛非常重要的元素。修學大乘佛，光有慈悲沒有智慧，最後會變成爛慈悲；光有智慧沒有慈悲，則很容易墮入小乘的聖人。

怎麼樣才能夠觀自在？《心經》裡提到：「觀自在菩薩，行深般若波羅蜜多時，照見五蘊皆空。」所以觀世音菩薩除了具足慈悲之外，也行廣大無邊的般若智慧。因有深廣的般若智慧，能觀照五蘊的無常無我；因為空無自性，如此才能觀自在，究竟到達彼岸。

菩薩為了要廣度一切眾生，除了具慈悲智慧外，還要有無量善巧的方便法門，這就是所謂「先以欲鉤牽，後令入佛智」。

在《普門品》裡提到：「應以佛身得度者，即現佛身而為說法」；《維摩詰經》裡也有：「智度菩薩母，方便以為父，一切眾導師，無不由是生」，意思就是菩薩度化眾生以方便為要。

因此，修學觀音法門，不論稱名、禮拜、修持法號或者發廣大願，都要透過持續不斷的精進力來完成，讓自己安住在菩提道上不退轉，早也觀世音，晚也觀世音，天天都念著觀世音，時時都是觀世音，用耳根來如實聞，用內心來傾聽，一定能夠成就。

生活的周遭，每一個人只要具有慈心悲願廣結善緣、表現善德，就能夠為觀世音菩薩分擔，不就是所謂的千手千眼觀世音菩薩的化現了嗎？

藉境練心、以行填願

——普賢菩薩行願的修持

《大方廣佛華嚴經．普賢菩薩行願品》說明普賢菩薩所發的十個大願內容。

所謂行願就是努力實踐從內心深處發出的願望與決心。

行與願不可分離，如果沒有正確的願望，行動就會失去指導和方向。

另一方面，如果沒有腳踏實地的具體行動，願望也會變成空談。

因此，願和行缺一不可，互相轉輾遞升。

要成就佛道、要解脫煩惱，一定要修菩薩行；修菩薩行，一定要先發菩提願。

《華嚴經》是「經中之王」，乃世尊成佛之後，將自己證得的境界，說與圓頓大根眾生聽的。圓頓大根的眾生分為三等。上等者，因緣深熟，聞即證悟，如華嚴法會中的諸大菩薩；中等者，隨聞隨悟、即修即證，如善財童子的五十三參；下等者，就如我們一般凡夫，雖有幸得聞圓頓大教，但未能即生悟證，幸而有普賢十大行願作為依止，讓我們能透過念佛求生西方，帶業往生，過程更加方便快速。

我們提升生命的動機，要建立在慈悲及智慧之上，悲智雙運才能成就菩薩道。但行菩薩道要先有解脫道的基礎，因為行菩薩道一定要接觸很多人、很多事，如果不懂得這些都是藉境練心，而一直停留在他人的掌聲或自己所擔任的職務上，就不能夠圓滿菩薩道。

談到藉境練心，我們先從「心」的部分說起。當我們的心處在無知和混亂的無明狀態時，就會受到外界好壞行為的控制。心如果長期處在無明的狀態下，就會不斷感受痛苦。其實這些都是外在因緣變化產生出來的，如果能夠改變心念，把順逆境界都當成一種過程，沒有好或壞，都只是生命經驗的累積；如自己能調整負面情緒，內心就不會感到痛苦。面對生命，若自認是一個行者，就要學習轉念，心境若能轉得過來，自然就能得到解脫。

以行填願，福慧雙修

願和行就像鳥的雙翼，相輔相成，發了菩提願，就要透過行來填願，所以行是由願而來。例如：我們在世間雖然事事順心，但是沒有願力，所修的功德好事，只能召感人天福報而已，不能夠作為成佛的資糧。

願力在修學佛法中非常重要。我們常聽到「修福不修慧，大象披瓔珞；修慧不修福，羅漢應供薄」。如果只修福報，雖然不愁衣食住行，但一遇到生老病死的無常變化，因為沒有修智慧，就無法坦然面對，而在煩惱痛苦中輪轉。

關於這個道理，可從很有福報的寵物身上看清楚：有一隻小狗，每個禮拜上美容院，主人幫牠打點一切，生病了，住院吊點滴；長了腫瘤還開刀。主人為牠花了一百二十萬，真的「好狗命」。但這隻小狗終其一生都不懂聽經，也不能念佛，無法修行，這就是牠過去只有修福而沒有修慧的果。

一個人學佛的成就大小，往往取決於他願力的大小。如果學佛只是為了得到現世平安，只想求佛菩薩保佑家庭事業發達，那我們的成就也就到此為止；有人學佛是要做功德、做好事，希望來世比今生更好，那他所種的因，也只會在來世創造一個好的生活條件而已，無法擺脫六道輪迴。如果我們把學佛的終極目標放在淨土宗所倡議的——往生極樂，那麼這個法門強調的就是「信、願、行」三具足，想要往生淨土，不可欠缺其中任一資糧。

「信」，就是相信有西方極樂世界，相信有阿彌陀佛的存在，相信念佛能夠往生西方極樂世界。

而「願」呢，就淨土宗的願而言，有兩個部分：一是厭離娑婆；二是欣羨極樂。厭離娑婆不是捨棄家庭去出家，或是把金錢當作毒蛇一樣遠離。厭離的意思不一定是捨，而是要超越。面對喜愛的人、討厭的人，不要當下相應，要超越；超越就能夠不沾黏，才會有因緣前往西方極樂世界，就像有某個東西要交給我們，我們總要先把手放空之後才能夠收受，所以想往生極樂世界，就必須先有所捨才會有所得。

佛菩薩的願力——空願、別願、總願

修學佛法的終極目的是成佛，想成佛就要先發願。佛菩薩的願力，有所謂空願、別願或總願。每一位佛菩薩所發的願，一定有四弘誓願，也有屬於他個別的發願。一般人發願，都以四弘誓願為依循：

「眾生無邊誓願度，煩惱無盡誓願斷，法門無量誓願學，佛道無上誓願成。」

至於別願的部分，例如地藏王菩薩的是：「地獄不空，誓不成佛，眾生度盡，方證菩提。」

阿彌陀佛的四十八大願，成就了西方極樂世界。經典中敘述十方三世佛以阿彌陀為第一。但佛並沒有分大小，之所以說阿彌陀第一，是因為阿彌陀佛的願很廣大、很殊勝；東方淨琉璃世界的藥師佛，在還沒有成佛以前，也發了十二大願，所以「發願」在修學佛法的過程當中非常重要。

娑婆世界的教主——本師釋迦牟尼佛，他以三大阿僧祇劫修福慧，所以成佛；他用百劫的時間來修相好，所以功圓果滿的時候，在菩提樹下成就佛道；他更以莊嚴的報身，為大根器的眾生宣說《大方廣佛華嚴經》。

當時釋迦牟尼佛宣講《華嚴經》之〈初發心功德品〉時提到：「纔發心時，即為十方一切諸佛所共稱歎，即能說法教化調伏一切世界所有眾生，即能震動一切世界，即能光照一切世界，即能息滅一切世界諸惡道苦。」也就是說，行者在開始發心的時候，那股力量成佛都有餘，表示初發心的強大。

我們知道，《華嚴經》、《法華經》還有《大般若經》，都在講佛的果地。《華嚴經》裡有句話說：如果沒有讀過《華嚴經》，對於成佛的好處、佛的境界就不明瞭；《法華經》講的則是佛的知見，佛透過《法華經》開示凡夫悟入佛道的知見；而《大般若經》則是講佛的行持，所以我們若能先開示悟入佛的知見，就能瞭解體悟佛的境界。

《普賢行願品》講普賢菩薩的修行法門。普賢菩薩之所以成為一位大菩薩，原因在於，他初發心時就發了十個大願，這十大願對一位菩薩行者來說，確實是非常有效的法門。

作為佛弟子，不是一天到晚要求佛菩薩保佑，也不是因為受挫或失敗才來祈求，更不是整天想著自己的痛苦、利益，而是要自我期許能負擔使眾生離苦得樂的使命，否則終究不能了脫。

《大方廣佛華嚴經》的翻譯因緣

《華嚴經》流傳到人間的因緣非常奇特，是龍樹菩薩從龍宮攜出來的。

佛滅度後三百年(一說六、七百年)，龍樹菩薩出生在印度南方，他的智慧才能超乎常人，在還沒有接觸佛法之前，他學會很多外道的本事，其中包括隱身術。之後他跟三位同山道友隱身進出王宮，由於行為不檢點，恣意妄為，讓很多宮女懷孕，國王非常生氣。國王質問宮內的婆羅門國師：為什麼宮女都莫名其妙懷孕了？

婆羅門國師說：可能有鬼神干擾，也可能有人學了隱身術潛進宮內。國師說，如果是鬼神干擾可透過咒語消除；如果是人為作亂，可以在黃昏時，叫武士拿刀在宮門口往空中砍去，即便人能練成隱身術進出大門，但還是無法鑽牆，一接觸到刀，就會破解法術。後來龍樹菩薩的道友，紛紛死在武士的刀下，唯有龍樹菩薩機靈的躲在國王後面逃過一劫。死裡逃生的龍樹菩薩懺悔反省，出家開始學習佛法。

因為太過聰明敏銳，龍樹菩薩很快就看完全部的經典。他生起傲慢心，覺得世間經典都看完了，沒什麼值得再學習的。這時大龍菩薩出現，善巧的引導龍樹菩薩到龍宮看裡面的寶藏、法寶；龍樹菩薩在那裡看到了《華嚴經》，共有廣、中、略三種，數量極多，但因為不能把經本攜出龍宮，龍樹菩薩就用大智慧詳細閱讀一遍之後，把略本十萬偈的《華嚴經》背下來，回到人間後重寫出來，《華嚴經》此後才能在人間流傳。

後來經典傳到中國後要翻成中文，共有三種譯本，第一個譯本在東晉時候，有位佛馱跋陀羅三藏法師完成了三萬六千偈，只有六十卷，稱為《六十華嚴》；第二個譯本是在唐朝武則天時，有于闐國的國王奉上《華嚴經》範本，有四萬五千偈，武則天請實叉難陀法師翻譯成中文，是謂《八十華嚴》。實叉難陀法師在翻譯《八十華嚴》的前一天晚上，武則天夢見天降甘露，果然第二天在翻譯經典時就天降甘露，在譯經場所的庭園平地，現出一個大池塘，每天早上會有兩個童子從水塘走出來伺候筆墨，到了晚上又回到水塘裡面，天天如此，一直到《八十華嚴》翻譯圓滿，這是龍王恭敬《華嚴經》大法的關係，所以示現兩個童子來協助。

第三個版本是唐德宗貞元年間，印度的烏仗國王為了慶祝唐德宗生日，親自抄寫《華嚴經》呈獻，般若三藏法師用兩年時間翻譯，計四十卷（一品．九千偈），稱《後譯華嚴》或《四十華嚴》。一般會把最後一品《四十華嚴．入法界品》抽出來，再加上實叉難陀法師翻譯的《八十華嚴經》，就是現在流通的八十一卷《華嚴經》。

《普賢行願品》——絕對清淨平等的自性本身

普賢境地　煩惱即菩提

《華嚴經》裡善財童子五十三參當中，第一位參訪的善知識是文殊師利菩薩，最後一位是普賢菩薩。當善財童子參訪普賢菩薩時，普賢菩薩告訴他：我修行成佛的法門就是十大行願，這也是每一位修學佛法的佛子所適用的。

在《普賢行願品》裡，第一句經文：「爾時普賢菩薩摩訶薩，稱歎如來勝功德已」，意思是我們要怎麼讚歎佛的功德？最常聽到的是〈讚佛偈〉：「天上天下無如佛，十方世界亦無比，世間所有我盡見，一切無有如佛者。」我們念佛拜佛或法會修持，常常用〈讚佛偈〉來表達內心對佛的讚美。

〈讚佛偈〉之外，在《華嚴經》八十卷的最後二首偈語，出現了「剎塵心念可數知，大海中水可飲盡。虛空可量風可繫，無能盡說佛功德。若有聞斯功德海，而生歡喜信解心。如所稱揚悉當獲，慎勿於此懷疑念。」它的意思是說，我們若能因為一個偈頌生起歡喜心並相信，就會得到如同剛剛所稱揚的功德，千萬不要心生懷疑，一旦懷疑，就得不到福報。

普賢行，是指純淨的、絕對清淨平等的普賢境界。重點在於我們要能轉煩惱為菩提，會轉的話，所有煩惱通通都是菩提；不會轉，連本身都是煩惱，所以煩惱即菩提。

說得更簡明一點，就是要肯定自己，相信自己就是在普賢境界當中的，如果還在猶豫，就不能夠成就，所以轉的關鍵在於自我的肯定。

普賢行願　無窮無盡

我們行普賢十大願的時候，要做到經文所提的「念念相續，無有間斷，身語意業，無有疲厭」，因為虛空界境，乃至於眾生界，煩惱都沒有窮盡；如果都有窮盡，我們的禮敬也會窮盡；無有窮盡的話，未來我們禮敬諸佛、稱讚如來、廣修供養，都無窮無盡。

無盡有兩種條件，一是念念相續，無有間斷；一是身語意業，無有疲厭。如果一個念頭是一秒鐘，那第一念跟第二念，就是第一秒跟第二秒的銜接像鏈子一樣，一環一環、一扣一扣沒有間斷，這是我們一般人的認知。但是《華嚴經》所說的念念相續，是從一開始到最後都只有一個念頭，如果以六十秒來講，這六十秒就是一條線，而不是六十個圓圈接串起來。

因此，念念就是所謂的無雜念，一念一念有間斷的話，間斷本身就是雜念；也就是說，學佛或面對生命的過程，我們要能全神貫注，不要夾雜其他意念。做什麼事情都能專一的話，就會提升我們的心力、定力及福報。

至於「身語意業，無有疲厭」，是指學佛的人，容易進行身業，一般都是以身業的精進，作為精進或懈怠的標準；固然身業力行的部分很重要，但是語業跟意業也要配合，三業要統一，才能夠圓滿。學佛的人若能夠把心擺在道上，就很容易和十方諸佛相應，這種相應絕不在於會看到光或看到佛現身，而是在念力裡生生世世能見聞佛法，而且不只在一個世界裡。

有人雖然一直誦經念佛，甚至已念到滾瓜爛熟，但腦袋裡念頭不斷，如此心口不一，還是沒有辦法了脫生死，只能修到下輩子會讀書、成績優秀；而一邊拜佛、一邊打妄想，就算下輩子五官生得端正，但仍然出不了三界，這些都說明修行必須攝心，才有定功夫的成就，從定功夫再展現出來的自在變化力就很大。

我建議大家在拜佛的時候，第一拜拜下去就發願：當願眾生，未發菩提心者，令發菩提心；第二拜則是：當願眾生，已發菩提心者，令增長菩提心；第三拜是：當願眾生，若已增長菩提心者，儘速成就，儘速成熟菩提心。用這樣的方式提醒自己，才能時刻不忘菩提心。

成就善根、增長福德的普賢十大願

普賢十大願的內容如下：

第一、禮敬諸佛：除了對佛菩薩恭敬，對任何人都要恭敬，這樣才能夠對治我慢，人格也就能圓滿。

第二、稱讚如來：我們容易產生惡口、兩舌、綺語、妄言四種過失而不得清

淨，想要清淨就要透過稱讚如來，因為稱讚如來與世俗的讚美不同，它沒有任何動機，同時不光是言語，還要行動。如果我們每一個動作，都用智慧和慈悲來表達對諸佛的敬仰，乃至於想如他們一樣，就是稱讚如來。

第三、廣修供養：對於供養，我們要有一顆清淨恭敬的心。供養不只是提供財物助人修行，更是減少我們自己的欲望，以及增長慈悲。供養的最終目的在於增長自己和他人的智慧，事理的供養所得福德有限，法供養、菩提心供養才是無上的供養。

第四、懺悔業障：每一個人都有過失，有過失就有業障。業有定業、不定業；障有深有淺。有了業我們就要受，不管是現在受或未來受；業是成就菩提、進入涅槃最大的障礙，所以我們希望能夠消三障諸煩惱，就要透過懺悔業障；懺悔要無時無刻，造了惡業就要改過，知過能改，才是真正的懺悔。

第五、隨喜功德：隨喜就是見人作諸功德而讚歎歡喜。經云：「隨喜之福，如一人賣香，一人買香，旁人染其香氣，於彼二人，初無減少。」凡夫的人我分別習氣深重，對自己很愛惜，對別人的善行功德，往往嫉妒、障礙，背離了平等心性。隨喜功德能破嫉妒，生平等心。隨喜是賢，遍於四類有情的功德是普。合起來是普賢。

第六、請轉法輪：法輪顧名思義就是一個法、一個輪子。輪有摧毀的意思，用法輪來摧毀我們的我執，來輾破我們的見惑、塵沙惑、無明惑，把煩惱轉過來，能夠轉識成智。

第七、請佛住世：這裡的佛包括聲聞緣覺菩薩，乃至所有正在弘法的大善知識。我們要請這些覺者來弘揚佛法、利益眾生。其實聽法的一念，當下不打妄想、不想過去、不想現在、不想未來，了了分明，就是寂照一如，也就是請佛住世。

第八、常隨佛學：修學佛法的人要跟佛學習，學習佛的身、口、意三業，學習佛的口業清淨，不惡口、不兩舌、不綺語、不妄語；學佛的人，身要修一切善、斷一切惡；學佛的人，心要契入佛的心，佛的心就是進入不思議的境界。當我們進入這樣的境界，時時都有自在正念。

第九、恆順眾生：在佛法裡面，我們要修四攝法，一是愛語，二是布施，三是利行，四是同事，在未成佛道以前要先結人緣。恆順眾生，就是隨順眾生的執著而執著，隨順眾生的分別而分別，但自己完全沒有分別、執著；眾生有迷有悟，無論他們作善作惡，我們要有智慧，在恆順裡去啟發他、忍受他，但我們要能在境界裡如如不動，才是真正恆順眾生。

第十、普皆回向：做了功德之後心要廣大，要把所有一切功德送給大家，歡喜將自己的功德利益回向給我們的家人、所有的師長、朋友，以及所親愛的、討厭的對象，無所分別的通通都分享。

雖然是在世間修行，但做人做事之外，我們還要學習超凡入聖。過去如果只懂得求自己好，現在要學習如何發心利益眾生，進入解脫境界。我們要修普賢十大願，最後才能回向無上菩提。所謂回向，就是回因向果、回小向大、回向淨土、回向真如，這樣不斷一而再、再而三回向，就可以進入不可思議解脫界的普賢行願。

《華嚴經》是「經中之王」，乃世尊成佛之後，將自己證得的境界，說與圓頓大根眾生聽的。但圓頓大根的眾生，亦分為三等。上等者，因緣深熟，聞即證悟，如華嚴法會中的諸大菩薩；中等者，隨聞隨悟、即修即證，如善財童子的五十三參；下等者，就如我們一般凡夫，雖有幸得聞圓頓大教，但未能即生悟證，幸而有普賢十大行願作為依止，讓我們能透過念佛求生西方，帶業往生，過程更加方便快速。《普賢行願品》，以十大願王導歸極樂，遍收此類眾生，《華嚴經》若沒有〈行願品〉，則不能普攝群機，《華嚴經》也不得謂之「圓教」了。

普賢菩薩的十大願可以成就我們的善根，也能夠增加我們的福德，所以為什麼近代的祖師大德把《普賢行願品》列入在「淨土五經」之中。

生命形體的轉換點
——臨終關懷和助念

人臨終狀況的重要性在於影響下一期生命何去何從。

佛教認為生命循環不息，我們這一期的生命結束之後，會換到去另一個生命的形體，繼續生命的運作。

如果能夠以出國的心態看待死亡，就是移民或到另一個國家旅遊，從而瞭解到生命其實沒有所謂的結束，只是轉換了生存的空間，有充足的心理準備就無有恐怖，往生善處。

人的生命並非是一條直線，斷了一口氣就什麼都沒有了。生死循環不息，就像一顆種子落到泥土裡，經過陽光的照射，加上空氣、水分、肥料的滋養，發芽並漸漸生長成為一棵小樹。隨著一年一年地過去，樹的年輪不斷增長，變成大樹，最後被砍伐下來做木材。然而，樹上的種子又往泥土掉下，另一個生命的現象又從種子開始，長大、開枝散葉。每個來到世間的生命都像一棵樹，即使世緣盡了，不再擁有這一期生命認知的生命形體，但是另一期生命又會展開，我們要怎樣向這一期的生命告別？

為臨終作好準備

臨終跟出外旅遊一樣，我們一定要事先作好準備，包括確認目的地、安排乘搭的交通工具、帶備足夠的旅費、交待家人自己不在家的時候有什麼事情要跟進、保持體力充足外遊。安排好一切，然後從容不迫出門，以愉悅的心情上路。沒有準備好的話，到時一片混亂，記掛很多事情，然後充滿不安，甚至帶著惶恐的心情出門，家人也無所適從，嚴重影響旅遊的質素。中國人傳統對死亡忌諱，很多人因為對死亡忌而不談，到家人臨終的時候就不知所措，甚至作出不當的決定，留下懊悔和遺憾。我們要為自己作好臨終的準備，就要有臨終關懷的概念，瞭解臨終者的身心情況。

臨終者需要什麼關懷

每個人都是獨生獨死，獨來獨去，子女更孝順、夫妻更恩愛也不能代替父母或丈夫妻子去死。一般人都怕死，但是不能瞭解臨終者的確實心情，因為要走的是臨終者本人，而至親大都是哀傷心碎，萬分無奈和不捨，對臨終者完全沒有幫助。

我們可以試想，臨終病人最需要的是什麼？可能好好洗一個澡就是他們感到最幸福的事情。有親人往生的人也許經歷過，躺在醫院病床的臨終親人嚷著要回家。以前很多人都是在家裡過身，現在大部分人都是在醫院往生。臨終者渴望回家也是正常，甚至意識到自己將要走了，希望在熟悉和感到安全的環境下離去，但要出院也不是病人和家屬能決定的。這就是為什麼我們不要對死亡避忌，平時跟家人閒聊時就要談論臨終和身後事的安排，能夠順著家人的意思安排好一切就最安心。《百丈大智禪師叢林要則二十條》包括「凡事以預立為不勞」，意思是做任何事情都預先準備妥當，就不會出現混亂失措的局面。

每一個人的需求都不同，我們要儘量從臨終者的角度來幫助他們，讓他們在生命即將結束之前，能夠得到充分的關懷和照顧。關懷病患者最重要是要有同理心和耐心。人有病痛時總會心情欠佳，尤其要體諒臨終者在身心受到煎熬時發出的惡言惡語，或意志消沉的說話，他們需要的可能是家人的關注、陪伴、聆聽、親情的溫暖、旁邊人的支持，幫助他們度過最後亦是最重要的難關。

我們要順應臨終者的意願與他們溝通，臨終的人不會喜歡有人在床邊嚕嗦嘮叨，增加他們的苦惱。另一方面，臨終者不會氣力十足，我們可以聆聽他們的心聲也許有限。要視乎臨終者的精神狀態和願意溝通的程度。陪伴的人有耐性和穩定的情緒很重要，幫助臨終者儘量減少消極的想法和感到安然是首要的目標。臨終者如果信奉其他的宗教，就引導他們皈向信仰的教主，而不是勸導他們在臨終之際改變宗教信仰，令他們感到困擾。

協助臨終者積極思考

《阿彌陀經》裡不是提到祇樹給孤獨園嗎？給孤獨長者是佛陀的大護法，他要為佛陀蓋一座精舍，看中祇陀太子的一個園林。祇陀太子開玩笑跟長者說：「我可

以賣給你，只要你把整個地面鋪上黃金。」沒想到給孤獨長者真的照做，太子感動非常，對給孤獨長者說：「園林已是你的，但不包括樹木，樹木就讓我供養給佛陀吧。」佛陀於是為精舍命名為「祇樹給孤獨園」。

給孤獨長者晚年臨終時，深受病痛之苦，意志消沉。佛陀派舍利弗和阿難兩位弟子探望他，指導他要捨離貪著，將注意力放在回憶護持佛陀的善行上，「長者，您還記得嗎？當初您來參與我們僧團的修持、供養佛陀……」給孤獨長者透過兩位尊者的引導，回憶起過去作出的善行，覺得生命充滿意義，當下身體的疼痛就變得沒有那麼重要。

我與香港柴灣東區尤德夫人那打素醫院合辦「以心維心・病者關顧員服務體驗計劃」，並於二〇一五年成立香港北區醫院佛教院侍部，向病人提供心靈關顧服務，佛光義工定期探訪院友。我們到醫院關懷探望病人時，會教導病人念誦佛菩薩的聖號。病人能否持續念誦佛號要看他們對佛菩薩的信仰有沒有入心。

我們可以透過瞭解病人生命美好的經驗開導他們，跟他們一起回顧和讚賞他們的成就，例如撫養兒女成材、工作盡忠職守，對家庭和社會作出了貢獻，讓他們引以為榮，感到自己是有福報的人，心開意解。同樣的，輔導臨終人士，也是要讓他們感到此生無悔，懷著光明美好的意念才會有機會往生善道。

對臨終者和家屬的開導

一、引導臨終者提起正念，根據他平日修持的方式集中意念，掌握當下，讓他能在「阿彌陀佛」的佛號聲中，如願往生彌陀淨土。

二、藉由引導、溝通，讓臨終者知道他們在世間所擁有的或所罣礙的事物，全部都要放下，以歡喜自在的心情迎接未來的生命。

三、開導家屬，念佛是一個很明確清楚的最佳方法，讓大家共同協助臨終者順利往生。面對離別的時刻，大家一起念佛，觀想阿彌陀佛與諸聖眾來接引往生者，知道往生的親人得到真正的解脫，家屬也會慢慢放下哀傷苦痛。

在以往的助念經驗中，發現不論時間長短，現場的氛圍都會變得非常祥和，專注念佛能令念佛的人生起清淨心，消除悲哀的情緒。

助念的目的

助念的目的是讓往生者在神識迷茫中能有所緣並得到依靠，而不會焦慮害怕。

在助念的佛號聲中遠離恐懼煩躁，同時萬緣放下，心不貪戀、意不顛倒才能跟阿彌陀佛的聖號相應，藉由佛號的音聲提起正念，進入深層的意識。

助念是幫助提起往生者正念。提起正念的方式很多，念佛是其中最恰當和最簡單直接的方法。可以想像，如果往生時一心只聽著阿彌陀佛佛號，不受其他雜亂的聲音干擾，對往生者是否很有幫助？

助念有助往生者往生佛國淨土。如果一個人平日沒有修持，臨終的時候就一定要有善因緣、善知識的幫助，才能往生善道。雖然要往生善道不見得要有堅定的信仰，但信仰是一個基礎，有了信仰，才會明白要多利益他人，培植福德因緣。

不論往生者生前做過哪些事，只要他曾經有行善，而臨終時有善知識幫助他回憶起自己的善行，他就有可能因為依仗光明善行的因緣和佛號的功德，往生到西方淨土或善道。

在臨終者仍未往生之前，我們為了引導他們進入念佛的境界，一般都先用念佛機讓他慢慢聽，當然還必須講解阿彌陀佛聖號的意義和西方極樂世界的殊勝環境；並要讓臨終者選擇念佛機的念佛音調，聽了心會安定，以及安放阿彌陀佛放光接引圖在臨終者看得到的位置，向臨終者說明阿彌陀佛眉間白毫放射出的光明到蓮花上，而臨終者就是其中的一朵蓮花，身心的病痛就像黑點被阿彌陀佛的光明照耀著，逐漸消除。

助念的人無須罣礙自己有沒有受菩薩戒、有沒有修行、有沒有吃素。沒有宗教信仰的人也可以參與助念，只要懷著善心誠意幫助往生者，給往生者好的因緣，就不會感到害怕，因為沒有事情比幫助往生者更重要。

在死亡的過程中，雖然是四大地水風火慢慢在停止作用，往生者呼吸及心臟都停止，但神識最後才會離開。剛往生的人好像烏龜脫殼，因此我們儘量不對往生者的身體輕舉妄動，避免他們的神識受到困擾。

念佛的緣起

以我多年帶領臨終關懷服務、助念和為往生者開導的經驗，經過助念之後，往生者的大體不會出現醫學上的屍冷、僵硬，甚至屍斑。有些人剛往生時，臉色並不好看，但只要有因緣接受助念，不管時間長短，我們會發覺，往生者的面相會轉為祥和，甚至還會紅潤起來。家屬為他們更換衣服的時候，會發現他們的身體是柔軟的。

為什麼亡者的身體在助念之後會柔軟、面相會變好？為什麼要幫亡者念佛？念佛有什麼好處？

提到佛教，人人都會說阿彌陀佛；但我們娑婆世界的教主是釋迦牟尼佛，為什麼我們第一時間往往不是說釋迦牟尼佛而是說阿彌陀佛？阿彌陀佛為什麼變成佛教的代名詞呢？因為阿彌陀佛發了四十八大願，其中第十七大願是「諸佛稱揚願」。

阿彌陀佛未成佛前是一位國王，在因地修行。因為喜愛聽經聞法，後來就捨棄王位出家，法號「法藏」。佛陀是古佛再來，當時的佛號名為「世自在王佛」。有一天，法藏比丘聽到世自在王佛說法，心中無比歡喜，他合掌長跪向世自在王佛表白，希望能攝取諸佛國度的清淨莊嚴無量妙行，使他在世能速取正覺、超拔眾生。

世自在王佛用神通力示現十方諸佛的淨土，法藏比丘攝取了二百一十億諸佛國土的清淨妙行後，經過五大劫的思惟和修持後，來到世自在王佛的座前，告訴世自在王佛：「我已攝取了莊嚴佛土的清淨妙行。」於是世自在王佛要他發願，法藏比丘發了四十八大願，大地為之震動。最後法藏比丘圓滿大願，成為阿彌陀佛，建立了常樂我淨的彌陀淨土。

《無量壽經》上有：「設我得佛，十方世界，無量諸佛，不悉咨嗟稱我名者，不取正覺。」意思是：如我成佛，十方諸佛會宣揚我的淨土殊勝。《阿彌陀經》也提到，釋迦牟尼佛為阿彌陀佛宣揚，彌陀法門雖然易行，然而是難信之法，十方諸佛齊為稱揚。

阿彌陀佛的四十八大願，其中第十八願是「根本願」。《無量壽經》演繹為「設我得佛，十方眾生，至心信樂，欲生我國，乃至十念，若不生者，不取正覺。唯除五逆，誹謗正法。」

阿彌陀佛在這個大願中強調，如果他成佛了，十方一切眾生，可以因此生起至誠懇切的心，歡喜往生西方極樂淨土。只要起了念頭，甚至十念阿彌陀佛都能成就；如果一念都不生，不取正覺，就無法成佛。阿彌陀佛告訴我們，除非是犯了五逆之罪、毀謗正法的人，一般人只要一心念佛，一定可以往生西方極樂淨土。

助念的意義中，念佛往生願就是根本願，因為阿彌陀佛說，只要念他名號，臨終時定可往生。但阿彌陀佛無比慈悲，覺得只有念佛就可往生，對眾生來說保障可能不足，所以第十九願是「臨終接引願」，《無量壽經》云：「設我得佛。十方眾生。發菩提心。修諸功德。至心發願。欲生我國。臨壽終時。假令不與大眾圍遶。現其人前者。不取正覺。」

修諸功德就是廣修各種福德的意思，包括布施、持戒、忍辱、精進、禪定，菩提心等，都是成佛的心；菩提心更是所有功德的根本。第十九願臨終接引願，呼應《阿彌陀經》的經文：「其人臨命終時，阿彌陀佛與諸聖眾，現在其前」，這就是阿彌陀佛對於念佛往生的再度保證，在其人臨終時會前來接引。

助念的利益

關於助念的利益，我們可從阿彌陀佛的第三十三願：「蒙光柔軟願」看到。《無量壽經》云：

「設我得佛，十方無量不可思議諸佛世界眾生之類，蒙我光明觸其身者，身心柔軟，超過人天。若不爾者，不取正覺。」意思是說，如我成佛，我發願讓十方無量無數不可思議諸佛世界中，種種類別的眾生，蒙我法藏成佛的光明觸照，讓其身體和心靈的罪垢消除、智慧開發，身心柔軟、安適快樂，且如此光明觸照的柔軟，勝過天上人間一切快樂的感受。如果眾生不能如願，我就不成佛。

法藏比丘早已成為阿彌陀佛，他的大願因此千真萬確，只要誠心幫助往生者助念，他們的身相就會變得柔軟安詳極其自然。

幫助往生者助念不應只是口念，還應瞭解《阿彌陀經》跟《無量壽經》的內容，如果助念的現場沒人為往生者講說，我們即能承擔，跟亡者分享極樂世界的殊勝、讓他瞭解往生淨土的好處。

如果亡者還未皈依，現場若有法師在最好，可以當下為亡者皈依；若沒有，我

們也可代為皈依，叫作方便皈依，為亡者誦念〈皈依文〉，內容如下：

「皈依佛、皈依法、皈依僧。皈依佛兩足尊，皈依法離欲尊，皈依僧眾中尊，皈依佛竟、皈依法竟、皈依僧竟。」

念〈皈依文〉時，如果感覺沒有特定對象，可以加上「亡者某某人」皈依佛……，因為亡者已不會言語，家屬可代替亡者念皈依文，如此一來，亡者的神識會更有依靠，更能感受三寶的護佑，他所前往之處，也必定是善處。

我們也可以引導家屬告訴亡者：「現在你往生了，沒有辦法講話，但是你可以跟我們一樣觀想：觀想阿彌陀佛眉間的白毫光，自你的頭頂加持，使你整個身軀非常柔軟，內心輕安。請以你的神識配合我們念皈依文，過去如果你有做錯事情，只要在這個時候發起至誠懇切的悔改心，佛祖一定會幫你作主。」在這個關鍵的片刻，我們一定要給亡者一個清楚、絕對的依靠，幫助他們打從心裡不恐怖、不害怕、不煩惱，將有利於往生彌陀淨土。

極樂世界的化生品位

《無量壽經》裡提到，往生者因生前所修福德、所得智慧不一，往生西方極樂世界的蓮花化生品位也有所不同，共分為九等，有上輩往生、中輩往生、下輩往生，上輩為上三品、中輩為中三品、下輩為下三品。以下概略說明：

上品上生：指往生者生前有受戒，且能讀誦大乘經典，乃至修行六念，最重要是回向發願求生淨土，臨終時，見己身乘金剛臺，隨從佛後，為阿彌陀佛親自接引。

上品中生：不必讀誦大乘方等經典，但對於大乘的經典、教理須瞭解，最重要的是要發願、發菩提心、發願往生，臨終時，自見坐在紫金臺，合掌叉手讚歎諸佛，一念頃即生七寶池中，阿彌陀佛領諸大菩薩、聖眾迎接。

上品下生：相信因果，不毀謗大乘，發菩提心者，以此功德回向發願求生西方極樂。臨命終時，阿彌陀佛及觀世音菩薩、大勢至菩薩與諸眷屬持金蓮華，化作五百化佛來迎，行者見身坐金蓮花，坐妥花合，立刻隨阿彌陀佛往生七寶池中。

中品上生：至少須念想往生西方極樂世界，能持五戒、八戒，即不造五逆，並發願往生西方極樂淨土，大比丘會隨阿彌陀佛前來接引，見身坐蓮花臺，長跪合掌禮佛，未舉頭，一瞬間已往生極樂世界。大比丘屬於羅漢、聲聞，平常修持重點在於自我修持、了脫，缺少利益眾生部分，因此臨終由阿彌陀佛跟比丘迎接。

中品中生：條件只須一天一夜清淨受持八關齋戒，再將功德回向西方，發願往生西方。臨命終時，行者自見坐於蓮花上，蓮花隨即合上，生於西方極樂世界。

中品下生：在世時能孝養父母、為人仁慈，往生時得遇善知識，介紹西方極樂淨土的殊勝，以及阿彌陀佛的四十八大願和不可思議的功德，當下了通阿彌陀佛是往生最好依靠，比如壯士屈伸手臂，頃刻往生西方極樂淨土。

下品上生：得聞佛名法名、僧名、三寶名即得往生。指造眾惡業了無慚愧心，但不誨謗大乘方等經典的愚人，臨命終時，有善知識出現說法：大乘十二部經首、題的名稱，學會合掌叉手以及稱念一句南無阿彌陀佛名號，就可除掉五十億劫生死重罪，此時乘寶蓮花，隨化佛後生寶池中，之後觀世音菩薩、大勢至菩薩的化身也會放大光明住於其前。

下品中生：屬於犯五戒、八戒、具足戒而沒有慚愧心，造惡業時更自以為是的人，本應入地獄，但臨命終時，有善知識大慈悲為他開導，讚阿彌陀佛的威德、光明，讚戒定慧、解脫、解脫知見，以及西方極樂世界，聽聞後可以消除八十億劫生死重罪，地獄烈火化作涼風，至誠懺悔後發願往生，只一念阿彌陀佛名號，就有化佛菩薩迎接，往生七寶池中蓮花之內，後有觀世音菩薩、大勢至菩薩以梵音安慰，說大乘經典，聞法後，應發無上道心。

下品下生：生前不作善業或犯五逆十惡。如此愚蠢至極者本應墮入惡道，歷劫受苦無窮。臨命終時，若遇有善知識安慰並為他演說妙法，教他心繫念佛，若不能

念，應稱歸命無量壽佛，如此至誠音聲不絕，具足十念，稱南無阿彌陀佛，念念中可除八十億劫生死之罪，命終時見金蓮花猶如日輪，只一念，隨即得以往生極樂世界。

以正確方式和正念面對

面對臨終者，我們想要消除他的病苦業障時，可以用他的名義布施功德；對於無效的急救，我們更須慎重，儘量幫他們選擇安寧緩和的方式，讓他們的身心得到最大的安頓。人在病痛中很容易失卻耐心，產生脾氣，所以我們要順應和滿足臨終者的情感與需求，時時保持當下溫馨平和的氣氛最重要。飲食部分，不應勉強，如還能進食，最好以清淡素食為主。

家人往生時，身旁的人不可嚎啕大哭呼叫，因為人的八識中，排第八的阿賴耶識最後才會離開形體，在八識尚未完全離開色身之前，家人的心意若非常牽掛不捨，亡者也會感應到而顛倒不已，無法順利往生。

幫亡者更換衣服時也須注意，因為親友和禮儀公司的因素，常會有很多聲音，請家屬儘速更換，不然身軀僵硬後就難以更衣。但事實上，經過助念後，亡者的身軀都會變得柔軟而容易更衣。

助念時，也須注意往生者的身體情況。例如：二〇〇三年臺灣因為SARS，有傳染性疾病的亡者都不能助念；而有些往生者因病況而腹脹如鼓的，也不可助念太久。

我們要有絕對的信念，在面對往生的第一時刻，就要提起正念。燒腳尾錢、拜腳尾飯，都是不必要的；現在的祭拜空間普遍不大，若造成空氣不良反而引起身體不適。此時最要緊的是助念，讓亡者順利往生善道。

此外，五子哭墓、孝女白琴或者樂隊，除了喧鬧，對亡者並無實質幫助。而土葬或者火葬（納骨塔、海葬、樹葬），都應隨順因緣事先做好溝通。以佛教來講，較主張火葬。

此外，亡者四十九天內，家屬最好茹素，把功德回向給亡者，增加他的善因好緣。

殯葬禮儀和往生佛事

在殯葬禮儀的部分，往生後第一時間，是家屬親友集中全力助念，其他七期佛事再行商量安排。至於先入殮或先進冰庫，則依照地點和因緣條件決定，比如地廣屋大，就可以在自宅停棺；而居所在市區內的，可能助念後就直接進入醫院的太平間或殯儀館的太平間冰庫。不管如何安排，家屬都要能溝通良好，以圓滿為依歸。

往生後的佛事，通常佛教的處理方式，如果是自家母親就用慈制，自家父親就用嚴制。如不想太多應酬，可在門口張貼：「吾家信佛，〇制。承蒙諸位親友蒞臨弔祭，請上香念佛。」如此可以不必問話、燒紙箔，也不用樂隊、花車、遊街等瑣事。

告別式的安排，一般有家祭、法師誦經；再來是公祭及喪葬的禮儀佛事，包括火葬等。

佛光山星雲大師有《佛教叢書》套書，裡頭有一本《儀制》，對於佛教的喪葬禮儀有清楚的書寫。以下擷取重點：

往生亡者的沐浴、擦拭，如果關節較緊穿衣較不容易，可用熱毛巾熱敷關節，就會柔軟下來。訃聞上常見「親視含殮」四個字，意思就是家屬一起處理亡者的入殮，所以家人應該一起參與，才不辜負這四個字的意義。

入殮：重點在於亡者所穿的衣服。民間習俗有「幾歲要穿幾層」的說法；還說褲管要縫起來，不然會跑回來；也有的要更換清朝的衣服；有的還要繞棺，男眾要

穿清朝衣服戴西瓜帽……這些通通不合時宜，也沒有必須遵循的道理。我們只要以人性的角度處理，例如依季節穿衣，夏天不要穿太多，再依照往生者平常的穿著習慣就可以了。

陪葬品不可太多，能用的就物盡其用。可用亡者的名義結緣，千萬不可特別購買新品放入棺內。依火化原理，入殮用品應儘量避免，若一定要放，成分也須注意，它焚燒之後若與亡者的骨頭沾黏，造成撿骨不順暢，反而遺憾又麻煩，基本上放點香木或香末就可以了。

入殮前，一定要先取得死亡證明書，否則火葬場無法登記。選擇樹葬等等，都必須有死亡證明書。

亡者如有皈依三寶或受五戒，可把皈依證及五戒證書隨大體入殮，可以穿海青，縵衣也可隨著大體入殮。

往生被（陀羅尼被）：一般人較有疑問，往生被到底能不能火化呢？有人說不能火化，因為上面有經文咒語，燒掉就是出佛身血。我認為這麼說的人沒有真正瞭解往生被的作用，往生被既然給往生者蓋，作用就是幫助往生，上面的經文咒語有加持力，不蓋在亡者身上，要蓋在哪裡？世間很多東西都可以重複使用，但往生被卻不可能被甲用過後，再留給乙用。

家屬意志一定要堅定，不要隨意聽信其他人的說話。火化往生被只有是幫助往生者往生，火化它並不是破壞經文咒語，出發動機很重要，其他人可能以訛傳訛，因此我常對信徒說，不清楚理解的事情就不要亂說，不明白就問法師。

如果第一時間入殮，來不及蓋往生被，只能蓋在棺木上面，火葬場的人員，定會將往生被抽起，因為火葬場規定只能夠讓棺木推進去，其他宗教的花或祭品等等，全部會拿掉。雖然往生被被抽起來，但火化後撿骨灰入骨灰甕時，仍可摺妥放置在骨灰上面。

封棺：民間習俗，由德高望重的長輩或法師封棺。但其實也可隨順因緣，不用過於堅持。有個較為奇特的現象，有些家庭在親人往生後，會馬上將家裡的神像和祖先牌位蓋住。香港有信徒告訴我，因為有售賣金銀衣紙的商人告訴家屬，坐陣在家中的佛菩薩太神威，會令剛往生的人不敢踏入家門，因此要用紅紙遮蓋佛像和祖先牌位。這也可能是因為中國人神佛不分，拜黃大仙也就是拜佛，把其他宗教的儀式和佛教混雜了一起。

試想，人往生最需要的就是佛菩薩的照顧加持，把佛菩薩像蓋住算是什麼意思？佛菩薩只會恆順眾生，哪會嚇怕往生者不敢回家。還有不少的民間習俗被誤認為是佛教的妙方，佛菩薩像要安放對正大門口，把佛菩薩當作最有威力的看門大將軍。其實也是要有常識判斷，請重要的人吃飯都要敬請上坐，佛菩薩像自然要安放在家中空氣流通、光線充足、風景最好的位置，不只是讓佛菩薩坐得舒適，也是表達最恭敬的心意。

大家真是要多上佛學班，有問題要向法師請教。也有人說，家裡有人往生就不可到寺院去，但正因為家裡有人往生才更要去寺院，參加共修隨堂超薦啊！有關牌位的書寫、靈堂的布置，在《儀制》裡都有提到，可閱讀理解。

佛教認為，人往生後還沒有投胎轉世的七七四十九天是處於「中陰身」的狀態，但不一定是四十九天，要看往生者的因緣以及執著程度，是善業重還是惡業重？習慣是什麼？甚至於隨往生者的念頭而定。因此，我們強調第一時間往生助念，因為有好因緣的人，第一時間就去了西方極樂淨土，之後七期的中陰身，就要透過誦經、法會助他一臂之力，讓他有好的因緣往生想到之處。

七期的算法是從往生那天開始計算。一般而言，過了晚上十一點就是第二天，只要在晚上十一點之前都以當天計算，例如：在星期日下午約四時往生，頭七會在下一個星期六。佛教安排七期超薦佛事，不會在半夜而是儘量在白天進行，並且是家屬和法師方便的時間。

七期佛事從一七、二七、三七一直到七七。現今的社會生活模式，大家難得找出共同的時間，佛光山道場就以星期六的念佛共修會給大家方便，無須個別做超薦佛事，直接參加念佛共修會隨堂超薦，家屬免了請假，也不用個別買辦供品，由寺院道場統一處理，且可藉由大眾共修的力量回向往生者，更無須執著非拜梁皇寶懺不可，也可以拜焰口和三時繫念法會。七期佛事不一定要按照傳統七天時間來做，有時一次做完，或者短期三到七天做完。用往生者的名義捐助獎助學金、文化、教育、慈善公益事業更有意義。

百日：百日是往生後一百天；週年又叫作對年，對年就可以合爐，合爐也有合爐的程序、儀式。

合爐：簡單說，就是把亡者姓名寫進祖先牌位，通常包含姓名、出生年月日、往生的時間。

對年時，陽上家屬會先跟歷代祖先報告：「某氏歷代祖先，您的子孫某某人，今日對年我們要把祖先牌位請下來，把他的名字加入歷代祖先的牌位。」這是很人性化的處理，先跟祖先打聲招呼，然後拿下來填上去。

佛教無須看時辰，心好就日日是好天，時時是吉時。然而也要體諒親友的罣礙，不必執著必須配合自己的意願，以圓滿佛事為要。

一念彌陀富三千

當下淨土 壹

不只是知道，而是要證道

國家圖書館出版品預行編目(CIP)資料

一念彌陀富三千：不只是知道,而是要證道/永富作. -- 初版. -- 新北市：香海文化, 2018.07
272面；14.8×21公分
ISBN 978-986-95215-8-1 (平裝)
1.淨土宗 2.佛教 3.修持
226.55　　107006391

作　　者　永富

執行編輯　阮愛惠
美術編輯　不倒翁視覺創意
封面題字　李蕭錕
封面設計　翁翁
封面繪圖　心仁
攝　　影　如地法師

出版・發行　香海文化事業有限公司
發 行 人　慈容法師
執 行 長　妙蘊法師

地　　址　241新北市三重區三和路三段117號6樓
　　　　　110臺北市信義區松隆路327號9樓
電　　話　(02)2971-6868
傳　　真　(02)2971-6577
香海悅讀網　www.gandha.com.tw
電子信箱　gandha@gandha.com.tw
劃撥帳號　19110467
戶　　名　香海文化事業有限公司

總 經 銷　時報文化出版企業股份有限公司
地　　址　333桃園縣龜山鄉萬壽路二段351號
電　　話　(02)2306-6842
法律顧問　舒建中・毛英富
登 記 證　局版北市業字第1107號

定　　價　新臺幣290元
出　　版　2018年7月初版一刷
　　　　　2019年11月再版四刷
I S B N　978-986-95215-8-1
　　　　　佛光審字第00047號
建議分類　淨土宗・佛教・修持